En la distancia

Josefina Aldecoa

En la distancia

ALFAGUARA

© 2004, Josefina Aldecoa
© De esta edición:
2004, Santillana Ediciones Generales, S. L.
Torrelaguna, 60. 28043 Madrid
Teléfono 91 744 90 60
Telefax 91 744 92 24
www.alfaguara.com

ISBN: 84-204-0155-2
Depósito legal: M. 4.360-2004
Impreso en España - Printed in Spain

Diseño:
Proyecto de Enric Satué

© Cubierta:
La autora, con veintidós años, en su apartamento
del paseo de la Florida de Madrid

En la distancia

Prólogo

Durante los últimos años, me he visto con frecuencia sumergida en las aguas remansadas del pasado. Buceando hasta un fondo submarino, emergen, encadenados, rostros, paisajes, luces y sombras, olores y colores, sonidos, voces, músicas, sentimientos e ideas.

La memoria, como un buen arquitecto, ordena los hallazgos para reconstruir un todo armónico. En el fondo siempre quedan materiales preciosos. Misteriosas claves que nunca recuperaremos. Sin embargo, la memoria ha hecho el milagro. Ante nosotros, a saltos, a fragmentos, aparecen, fulgurantes o grises, los días del pasado. En un orden marcado por las huellas que han dejado personas y lugares, momentos históricos vividos, a veces sin saberlo, con pasión o tristeza, con rabia o entusiasmo.

Despojada de tentaciones exteriores encuentro en el ensimismamiento el placer más completo.

El curso del pensamiento, con sus numerosas ramificaciones, me conduce por los caminos de la investigación personal. Es decir, por qué hoy, a los setenta y siete años de edad, soy como soy, pienso como pienso y hago que mi vida transcurra como está transcurriendo, serena y equilibrada en lo personal e intensamente ocupada con actividades profesionales.

Me pregunto qué aciertos y desaciertos han condicionado mi vida, qué circunstancias favorables o adversas han influido en ella.

La memoria se reactiva ante cualquiera de estas preguntas, me guía a través de los años, las personas inolvidables, los lugares únicos, los acontecimientos históricos que pueden constituir los núcleos fundamentales de mi existencia.

Me concentro en un análisis de los motivos, las causas, las circunstancias que han determinado mi desarrollo personal y mi conducta a lo largo de los años. Reflexiones tardías, examen de conciencia, interpretación de hechos importantes que me han influido, o así lo imagino, al pasar el tiempo.

Entusiasmos, indignaciones, encantos y desencantos, deslumbramientos y decepciones que tienen su raíz en nuestra percepción variable de la realidad.

Como un torrente, la evocación arrastra todo lo que encuentra a su paso. Lo significativo, lo que todavía palpita en algún rincón de nuestro cerebro y el suceso aparentemente nimio que, sin embargo, fue decisivo en el momento en que se produjo.

Ponerse a escribir en la vejez acerca del pasado tiene una gran ventaja. El filtro de la memoria ha dejado seleccionados en el fondo de la vasija los recuerdos duraderos, los que aparentemente merecían la pena ser conservados. Recuerdos que reflejan los momentos personales más vigorosos, los que alcanzaron un día el primer plano de relevancia.

Hay fragmentos, años de los que apenas guardo recuerdos diáfanos. Y otros que brillan en la memoria cuando los evoco. Resplandecen con luz propia, iluminan el presente y me hacen sentir que merece la pena vivir y haber vivido.

Con toda seguridad lo recordado no es exacto. El tiempo ha ido enriqueciendo o empobreciendo la experiencia real. Hasta qué punto añadimos o restamos matices a lo que un día hemos sentido o pensado es imposible de determinar.

El deseo de comunicación, el primer impulso que nos lleva a escribir, es el mismo cuando se crea una novela y cuando se trata de recrear un episodio de la propia vida. En ambos intentos hay una buena dosis de sinceridad. Pero ¿cuándo nos acercamos más a la verdad? ¿Cuando consciente o inconscientemente trasladamos a un personaje inventado nuestras ideas o nuestras reacciones o cuando pretendemos explicar, directamente y sin intermediarios, nuestra actitud vital, nuestras sensaciones, sentimientos e ideas? No lo sé. Ése es uno de los misterios de la literatura.

Antes de todo lo demás está la infancia. La huella de los primeros años, los que deciden para siempre lo que vamos a ser.

Infancias con calor o frío, hambre o abundancia, olores, colores, sonidos, sensaciones gratas e ingratas. Infancias protegidas por el afecto inagotable de los adultos. O desoladas, inseguras, asentadas sobre un suelo movedizo que nunca llegará a ser firme.

Mis primeros recuerdos, muy tempranos, se sitúan en la casa de mis abuelos maternos en la que nací y donde viví etapas prolongadas de mi niñez. Es una casa que sigue apareciendo con frecuencia en mis sueños. En ella sitúo escenas y personas que no tienen que ver con ella pero que yo traslado allí por alguna razón desconocida.

La casa está en un lugar que era muy hermoso cuando yo nací. A un kilómetro al norte del pueblo de La Robla, en la carretera de Asturias. Detrás de la casa, hoy abandonada, hay una huerta y un jardín. Y unos metros más alto, en el límite de la finca, se extiende el ferrocarril Madrid-Asturias. Como telón de fondo se eleva una montaña gris y verde, rematada por la Peña del Asno.

Los trenes circulaban día y noche, de mercancías unos, de viajeros otros. Las horas de la noche las marcaban el expreso de Madrid en dirección al norte y el expreso de Asturias hacia el sur, camino de la Meseta. En el silencio absoluto de la noche, su presencia dividía nuestros sueños.

La Peña del Asno destacaba sobre el cielo las noches claras. Gris y altiva, protectora habitualmente, se volvía amenazante cuando alguna tormenta nocturna de rayos y truenos alteraba la paz del verano. En ocasiones yo escondía la cabeza debajo de la almohada y temía que alguna roca desprendida en lo alto bajara rodando hasta la casa y la destruyera.

El corte que en su día se había practicado para construir el camino de hierro descendía como un escalón hasta una breve planicie que terminaba en la carretera. En esa planicie estaba la casa de los abuelos.

Desde la carretera se veía abajo el río, al final de un suave terraplén que se detenía, a su orilla, en el soto misterioso y húmedo cubierto de vegetación por el que circulaban pequeños animales, nutrias y hurones quizá hoy desaparecidos.

Desde que tuve uso de razón y capacidad de reflexionar, me di cuenta de que mi infancia había sido feliz. Una infancia en contacto con la naturaleza despertó mis sentidos a la belleza de una tierra áspera, tierra de montaña, cercana a Asturias, que lucha por salir de la nieve y el hielo del invierno para fructificar en una tímida y valiente primavera. En abril asomaba la hierba en los prados bajos y se extendía una delgada alfombra vegetal en las tierras altas.

En mayo los prados estaban cuajados de flores blancas, amarillas, malvas. En la montaña se escondían las rojas peonías.

La huerta-jardín se extendía alrededor de la casa. La fachada principal daba a la carretera. Y en la parte posterior, detrás de la casa, había un caminito en cuyos bordes crecían grosellas amarillas, rojas y negras. El camino terminaba en un desnivel del terreno que separaba la huerta baja de la huerta alta. Porque, en realidad, había dos huertas. A la de arriba se subía por una escalera de mano de grandes escalones. Allí se cultivaban hortalizas y plantas aromáticas. Pero no había árboles ni flores, como abajo, en la huerta grande, mi territorio preferido.

Excavada en el desnivel que señalaba el límite de las dos huertas había una cueva. La cueva era motivo de historias fantásticas que me contaba María, mi tía favorita, joven e imaginativa. Un banco se extendía de un extremo a otro y en él una colchoneta convertía la cueva en un cómodo refugio para juegos y cuentos en las tardes calurosas del verano.

En aquella huerta llena de fruta y flores teníamos los niños nuestro paraíso encerrado y personal.

En la pared natural que nos separaba de las vías del tren se abría un túnel que pasaba por debajo de las vías. Por él descendía del monte un arroyo de agua muy fría que bordeaba la huerta para desaparecer bajo la carretera y alcanzar el río, en un descenso brusco, por un cauce pedregoso y estrecho, pradera abajo.

El verdadero protagonista del verano era el río. Los baños en el río y los cangrejos escondidos bajo las piedras que levantábamos y aprisionábamos con dos dedos. Los arrojábamos a un caldero pequeño para llevarlos a casa, donde la abuela los cocía en agua hirviendo hasta que estaban rojos y listos para comer.

Para bajar al río había que cruzar la carretera y descender por un sendero en cuesta, estrechísimo y lleno de curvas. Hacia la mitad del camino bordeado de arbustos aparecía una fuente de agua muy fresca que resbalaba piedras abajo hasta detenerse en un pozo pequeño, orlado de babosas negras y brillantes.

Abajo estaba el soto, la pequeña selva sombría. Los árboles entretejían sus ramas unos con otros y era fácil perderse en el enmarañado bosquecillo. El río tumultuoso sonaba alegremente al pasar sobre las piedras. No era un río muy grande, pero había partes en las que cubría poco y otras, bien delimitadas y conocidas, en las que aparecían pozos profundos y peligrosos, ensombrecidos por el recuerdo antiguo de ahogados imprudentes. Nunca volveré a recuperar el placer de esos baños en el río de los largos veranos de mi infancia.

De noche, llegaba hasta mi cuarto el aroma de las flores del abuelo distribuidas en parterres geométricos, hábilmente situados entre los árboles frutales. Los días eran secos y calurosos pero se volvían casi fríos al anochecer, cuando bajaba de la montaña un soplo helado, una brisa cortante.

En las tardes de verano, a la sombra del gran nogal que se erguía pegado a la cancela de entrada a la huerta, yo hacía los problemas que me preparaba mi abuela, maestra de un pueblo situado en lo alto de un monte, detrás de la casa, o leía o cosía con mis tías.

En agosto era la trilla en las eras altas, cercanas al río. Yo me subía al trillo con mis amigas, las niñas de Las Ventas, una casa muy cercana a la nuestra, también al borde de la carretera, y la única en un kilómetro a la redonda.

Las Ventas era una antigua «posada y fonda» de los arrieros y comerciantes que tiempo atrás iban y venían de Asturias a León o de León a Asturias, con sus productos y sus caballerías.

En agosto eran también las romerías en los pueblos cercanos a los que se podía ir andando monte arriba, o carretera de Asturias adelante.

La recogida de las frutas en el otoño era muy alegre. Nos ayudaban las niñas de Las Ventas y sus hermanas mayores, jóvenes como mis tías. Manzanas, peras de don Guindo, ciruelas claudias y moradas. El aroma de la fruta y el color cobre, siena, rojizo de los árboles han quedado para siempre unidos en el recuerdo de mis otoños infantiles.

Las manzanas se guardaban en la bohardilla, extendidas en el suelo. En el invierno se asaban al horno, después de perforar un agujero en el centro carnoso de la fruta y llenarlo de mantequilla.

En aquel espacio cerrado y silencioso descubrí el gozo de la soledad, la soledad como el mayor de los lujos. Tumbada sobre una manta de colores en el cuarto de las manzanas leía cuentos y novelas de aventuras y, al levantar los ojos del libro, contemplaba a través de la ventana los árboles del río, abajo, y el cielo claro y duro, arriba. Oía el tren que pasaba a espaldas de la casa, a horas fijas. Y mis

· sueños escapaban con esos trenes. Viajar. Llegar al mar o a la gran ciudad. A Asturias o a Madrid. Después regresaba a la lectura. La gran huida hacia otros mundos.

El invierno llegaba precedido de lluvias y vientos que dejaban los árboles definitivamente desnudos. Las hojas volaban ligeras al caer. Se detenían en el suelo, unas sobre otras, en pequeños montones ocres, tostados, negruzcos. La destrucción implacable del invierno me acongojaba. El viento, la luz en retirada temprana, de la tarde. A veces, en noviembre llegaba la primera nevada. El alboroto de los niños de la casa vecina nos reclamaba. Enseguida nos asomábamos mis tías y yo a la alegría de nuestros vecinos. Con nuestros gritos de alborozo al recibir los primeros copos de nieve, saludábamos el comienzo del invierno.

En la gran cocina de nuestras casas, nos refugiábamos los niños cuando el débil sol invernal se retiraba y ya no era posible resistir los juegos en la huerta ni en las eras vacías sobre el río.

En aquellas dos casas aisladas del pueblo no había luz eléctrica. Mis abuelos tenían lámparas de petróleo, colgadas del techo, en la planta baja, en la cocina, el comedor y la salita. Cuando llegaba la hora de dormir y subíamos al primer piso nos iluminábamos con quinqués. Toda la lana distribuida en jerseys, calcetines gruesos, chaquetas, era poca para abrigarnos. Al salir del cálido refugio de la cocina, el aliento se congelaba. La cama estaba helada. Ladrillos calientes depositados todo el día en el horno de la cocina de carbón, envueltos en fundas de paño suave, o canecos vacíos de ginebra llenos de agua caliente eran los recursos habituales en aquellas prolongadas noches invernales en las que nos sepultábamos bajo el peso de las mantas, abrazados a nuestros primitivos calentadores.

El pueblo de mis otros abuelos estaba cerca, a pocos kilómetros. También allí la vida era una constante sorpresa para un niño. Era un pueblo pequeño, alejado de la carretera general. La casa tenía un huerto y una antigua herrería y, en el desván, ordenadas por años, una serie de grandes tinajas llenas de miel: miel dorada, clara, la más joven; miel oscura, color caoba, la más añeja. El olor dulcísimo lo impregnaba todo y producía una especie de embriaguez.

Abajo, en la cocina, se estaba muy bien gracias a la «gloria», un sistema de calefacción primitivo y eficaz que transmitía el calor por una cámara hueca extendida bajo el suelo, y en cuyo interior se quemaba lentamente una capa de paja.

Así como mi abuelo materno me transmitía con fervor ideas y opiniones y me iniciaba en la magia de la lectura, mi abuelo paterno era mi maestro de la naturaleza. Lo sabía todo de tierras, cultivos, animales. Me llevaba con él a Las Quintas, una finca de las afueras del pueblo; me contaba historias vividas, de noches con nevadas terribles en las que los lobos le habían perseguido a él o a otros hombres del pueblo, de noches que pasaban refugiados en un caserón derruido cuando la luz del día desaparecía, al regreso de un trabajo o una

visita a otro pueblo cercano y los aullidos de los lobos se acercaban peligrosamente...

La España rural de los años treinta, sin luz
eléctrica, sin agua corriente en las casas, sin medios adecuados de transporte... Y el frío de mi tierra leonesa, como un enemigo amenazador que se
prolongaba hasta bien entrada la primavera.

El tiempo fluye. Mi tiempo actual, la medida de mi tiempo en horas, minutos y segundos,
se acelera cada vez más. El tiempo de mi infancia
transcurría por largas mañanas de pequeñas tareas
obligadas, tardes interminables de juegos y risas, noches adelantadas para ganar horas de sueño. Des-
pedidas del día que se acaba con cuentos que me
contaban en mis primeros años y que, más tarde,
yo leía avariciosamente. Los días y las noches inolvidables de la infancia.

Aquella casa de mis abuelos fue mi primer
refugio sobre la Tierra. Mi primer descubrimiento
del mundo alrededor, un lugar seguro lleno de afectos y cuidados. Mi madre era la mayor de ocho hermanos —siete chicas y un chico—. Se casó muy
joven y yo fui la primera hija, la primera nieta, la
primera sobrina de mis tías.

En la casa de mis abuelos viví rodeada de
cariño y disfruté de un protagonismo delicioso. Mis
primeros recuerdos están unidos a esa casa y sobre
todo a mi abuelo, un hombre muy inteligente, autodidacta, librepensador, ateo, republicano. Conmigo se esmeró. Me hizo depositaria desde muy pronto de muchas de sus creencias y cuando aprendí a
leer me dejó libros a veces muy complicados para

mi edad. Por ejemplo: *Los Miserables* de Victor Hugo, o *Las mil y una noches,* en dos tomos grandes, a los nueve años.

Siempre se vuelve a la infancia, al territorio de los juegos y la fantasía, al pasado más alejado de nosotros. En la alta madrugada al despertar de un sueño, que con frecuencia se desarrolla en esa casa, me atenaza una congoja absurda.

Quisiera volver a entrar en aquella casa, hoy abandonada. Recorrer las habitaciones. El cuarto de las manzanas. Mi cuarto, que daba al emparrado. La cocina, confortable en los fríos inviernos. El escaño alargado, el tablero que se alzaba o se bajaba según las necesidades del momento, donde desayunábamos, almorzábamos, cenábamos.

El abuelo y la abuela en dos sillas, colocadas por fuera. Al otro lado, los jóvenes y los niños en un banco que nos aprisionaba cuando el tablero descendía.

Volver por una vez a subir las escaleras hacia el dormitorio, con la palmatoria que sostenía una vela encendida.

Volver a leer los cuentos de Calleja con ilustraciones doradas en las tapas. Metidos en una caja grande, los vi después durante años en casa de mi madre porque en realidad eran suyos. Se los había traído el abuelo, su padre, de un viaje a Madrid en la primera década del siglo XX.

La casa en que nací está vacía. La huerta y el jardín se han convertido en un lugar lleno de maleza.

También aquel paisaje que preside la Peña del Asno ha ido cambiando con los años. La montaña horadada, las canteras, las industrias que se fueron levantando en La Robla y sus alrededores, están ahora presentes en un nuevo paisaje urbanizado. La carretera de Asturias, negra de brea, que se restauraba cada cierto tiempo, ya no puede servir de terreno de juego a los niños. Los coches lo invaden todo a pesar de que el tráfico más importante se ha derivado a la nueva autopista paralela a la carretera antigua. La nostalgia del tiempo perdido me invade al contemplar los cambios del presente pero es imposible, me digo, detener la evolución de los países, las tierras, los paisajes. El desarrollo económico, inevitable casi siempre, arrasa los sueños de un primitivismo ingenuo y ya caduco.

*

La política formó parte de mi propia historia desde el principio. Desde que puedo recordar, a mi alrededor se vivía un fervor político. Cuando cumplí cinco años, en España se proclamó la República. Recuerdo con nitidez algunas escenas aisladas de ese acontecimiento. Alegría, voces excitadas, banderas en el pueblo cercano.

También recuerdo con claridad la revolución de octubre del 34. Por entonces yo vivía con mis padres en un pueblo minero de la provincia de León donde mi madre tenía su escuela. La revolución de Asturias tuvo mucha repercusión en aquel pueblo. Era un pueblo dividido en dos partes por una línea invisible. Arriba las minas, abajo los cultivos y el ganado.

En mi novela *Historia de una maestra* hay paisajes, anécdotas y experiencias absolutamente autobiográficas de esa época; por ejemplo, la retirada del crucifijo de las escuelas y la voladura del puente que comunicaba el pueblo con la carretera general.

La historia personal y novelesca de esa maestra y su vida hasta el final, que se desarrolla en mi trilogía, es pura ficción. Pero es real todo lo que en esas novelas refleja un recuerdo histórico. El telón de fondo que da sentido a los tres libros es real al igual que los paisajes y el ambiente son reales, y fruto de mis experiencias infantiles o juveniles; testimonio de lo vivido.

Mientras mi madre atendía su escuela, mi padre viajaba mucho. Tenía representaciones comerciales, seguros, etcétera. Viajes de un día en autobús o en el único taxi del pueblo.

En el curso 1935-1936, mis padres me enviaron a vivir con las hermanas jóvenes de mi madre, que por entonces tenían un piso alquilado en León, donde estudiaban. La experiencia fue para mí muy interesante. Al pasar el tiempo, cuando a mi vez yo fui joven y estudiante, me di cuenta de lo importante que había sido aquella convivencia. Muchas curiosidades, preguntas y claves de la condición femenina surgieron en aquel curso entre mis jóvenes tías.

*

En junio de 1936 yo tenía diez años y había terminado el curso de la Escuela Preparatoria del Instituto para pasar, en el curso siguiente, a primero de Bachillerato. Era el plan de estudios vigente, espléndido por cierto. Mi profesor era magnífico. Nos daba clase de todas las asignaturas, como excelente maestro que era. Despertó en nosotros —niños y niñas— inquietudes. Cultivó nuestra sensibilidad y nuestra inteligencia. Nos contaba anécdotas de Madrid, de la Residencia de Estudiantes, de los maravillosos poetas cuyas poesías nos hacía recitar: Machado, Juan Ramón, Lorca, Alberti...

Hacíamos experimentos de Ciencias Naturales. Inventábamos problemas de Matemáticas, como un juego. Recortábamos fotografías de monumentos y paisajes de otros países para los cuadernos de Geografía.

Además de la poesía, leíamos muchos cuentos. De la colección Araluce, de Andersen y Grimm, los clásicos. Y los populares de distintos países, sus leyendas y costumbres. Los cuentos de Elena Fortún, las novelas de Julio Verne, Salgari, James Oliver Curwood eran por entonces mis lecturas favoritas. La imaginación, estimulada y estimulante, nos guiaba en todas las actividades. Redactábamos, inventábamos, dibujábamos, modelábamos...

Desde muy joven fui consciente de que las escuelas de la República, las de mi madre, las primeras a las que asistí, y la última escuela, la Preparatoria del Instituto de León, habían sido decisivas en mi formación y mi desarrollo intelectual posterior.

El curso de 1935-1936 fue un curso excelente en el que aprendimos mucho y sobre todo aprendimos a pensar, a desarrollar nuestra capacidad de análisis y nuestro sentido crítico.

En junio de 1936, al terminar el curso, mis padres se habían trasladado a vivir a León. Querían que también mis dos hermanos, más pequeños que yo, pudieran estudiar en la ciudad cuando se acercara el momento del Bachillerato. Mi madre pidió la excedencia voluntaria y mi padre abandonó sus continuos viajes por el norte para establecerse en la ciudad, donde alquilaron un piso amplio y alegre en la calle de Ramón y Cajal, enfrente del Instituto.

Yo me había instalado en casa de mis abuelos desde el primer día de vacaciones, con mi hermano Tasio, para pasar el verano. Gaba, la pequeña, se quedó con mis padres en León.

Un día, hacía calor, jugábamos en la huerta bajo los árboles cuando oímos un ruido de motores de avión. Era domingo. Los aviones pasaron muy altos y se dirigían hacia Asturias. Se perdieron en el aire tras la Peña del Asno. Enseguida empezó a pasar gente. Iban en grupos hablando agitadamente, manoteando, casi corriendo. Salimos a la carretera y los contemplábamos en su marcha. El abuelo habló con algunos y entró en casa preocupado. Yo no sabía qué estaba sucediendo pero había algo grave y trágico en el rostro de todos. Era difícil que me diera cuenta de que estaba asistiendo al final de mi infancia.

*

Todo se fragua en la infancia. Yo me reconozco en la niña que fui. En aquella infancia que terminó bruscamente un día de julio, cuando un rumor de motores se acercó por el aire y los aviones se precipitaron hacia Asturias para descargar sus bombas en tierras republicanas.

En el comienzo de aquella etapa histórica también me reconozco. En la tristeza de mi abuelo, en el miedo de los mayores, en la amenaza latente, el silencio repentino que parecía inundarlo todo. En la espera de nuevos motores en el aire y nuevas explosiones a lo lejos.

Mi padre fue a recogernos en el primer coche civil que pasó después de entrar las tropas en La Robla.

Aquel verano quedó truncado y mis padres decidieron que debíamos estar todos juntos en la ciudad.

Al llegar a León me enteré enseguida. Mi profesor de la Escuela Preparatoria había sido fusilado. Acusación: tratar de politizar a los alumnos. Nos leía a Lorca, a Machado, a Alberti, a Juan Ramón. Por primera vez comprendí que sí, que la cultura tenía que ver con la política y que, en determinadas circunstancias, la cultura era peligrosa. Aunque, con toda seguridad, también era la mejor de las políticas.

Aquella muerte injusta y brutal marcó un punto de imposible retorno. Un infantil «antes» durante el cual la política era un asunto de mayores. Y un «después» que me implicó directamente.

La política era también asunto mío, de la niña de diez años que la había sufrido.

*

El paso de un pueblo a una ciudad de provincias suponía un gran cambio. León era una ciudad acogedora y abarcable en aquellos años treinta. Pasear por las calles, descubrir los rincones, las plazas, los impresionantes monumentos, el paseo de la Condesa a la orilla del río. Los nuevos amigos. Era fácil ir de una casa a otra, salir a jugar a la calle. Aquel curso de la Preparatoria había supuesto un cambio de etapa vital.

El monte, el río, la carretera, la casa de mis abuelos, la huerta, las eras, los trabajos del campo, todos los lugares que habían alegrado mi infancia fueron sustituidos por otros más complejos, más evolucionados. El mundo crecía a mi alrededor, me abría nuevos horizontes, nuevas formas de relación, nuevas sensaciones.

Julio de 1936 fue el comienzo de una etapa diferente de mi vida, de la vida de todos los españoles.

A partir de aquel momento mis días transcurrieron bajo la amenaza de la represión política, la censura cultural, la autocensura, la angustia subyacente que en todo momento presidiría nuestro destino y nos amenazaría irremediablemente en cualquier ocasión.

Yo era demasiado niña entonces para entender del todo lo que había pasado. Y a pesar de haber vivido la infancia consciente en la República, en una escuela laica, en el seno de una familia de ideas claramente avanzadas, libres, tenía que pasar tiempo para que yo llegara a conocer a fondo lo que había significado aquella República que duró tan poco tiempo y cuyo recuerdo sin embargo había quedado grabado en mi memoria como algo alegre, nuevo y diferente. Algo que hacía vibrar a los que me rodeaban.

Yo no podía saber entonces lo que había significado el proyecto educativo republicano. No sabía qué era la Institución Libre de Enseñanza ni conocía a sus fundadores, que tanto habían luchado por la renovación de la enseñanza.

Sólo a través de comentarios, misteriosas opiniones de los adultos, que me llegaban a medias. Sólo a través del miedo reinante, de los susurros de los mayores, de los gritos de las mujeres cuando corrían a altas horas de la madrugada detrás de los camiones de los condenados a muerte. Venían de la iglesia de San Isidoro en cuyos bajos tenían a los presos políticos y pasaban por nuestra calle, delante de nuestra casa, del mirador de mi habitación. Los camiones iban camino de una cuneta, en las carreteras, a las afueras de la ciudad. Sólo ante la evidente injusticia de la muerte por fusilamiento de mi profesor, podía yo presentir que algo terrible y oscuro y negativo estaba sucediendo en nuestro país.

La infancia prevalece en las circunstancias exteriores más adversas. El niño es biológicamente alegre y sólo necesita tener seguridad en los afectos de los seres que le rodean. Un niño querido es capaz de soportar situaciones difíciles.

En plena guerra, entre el temor de los adultos, la inseguridad del presente y la incertidumbre del futuro, yo tuve una infancia feliz, una infancia protegida, cuidada, serena. Soporté sin dificultad la escasez de alimentos, de ropas, de juguetes. Fue una infancia con carencias materiales y rica en momentos felices. Pero no todas las infancias de la guerra fueron así. Hubo padres prisioneros, padres muertos en el frente de batalla, o fusilados en la retaguardia. Yo lo sabía y lo vivía a mi alrededor y la inmensa tristeza que envolvía las vidas cercanas me escalofriaba. Vidas destrozadas por la más cruel de las guerras, la guerra entre hermanos.

La catástrofe y el miedo a la catástrofe no me alcanzó personalmente pero fui testigo directo y conmovido de catástrofes ajenas.

Quizá desde entonces he conservado ese miedo a lo imprevisto, a lo no buscado, a lo antinatural e ilógico. Una guerra es monstruosa. ¿Podemos estar seguros de las huellas que deja una guerra? ¿Somos conscientes de lo que intuíamos sin ser capaces de analizarlo, simplemente viéndolo?

Cuando digo que mi vida estuvo siempre marcada por la política, no quiero significar que la política fuera una actividad a la que se entregaron los adultos que me rodeaban. Era la atmósfera política que se respiraba en aquellos años treinta y los sucesos de que fuimos testigos.

La historia nos condiciona. Nacer, vivir la infancia y la juventud en una u otra circunstancia histórica influye decisivamente en nuestra actitud ante la vida, en nuestras fobias y filias.

Los españoles que pertenecen a mi generación han vivido la historia de España desde lugares, circunstancias y condicionamientos familiares diferentes, pero todos tenemos en común algunas cosas. Quizá la más importante, haber vivido una infancia en plena guerra civil.

*

Creo en la influencia decisiva de la infancia sobre el futuro de los seres humanos. En mi infancia encuentro explicaciones para el origen de algunas de mis preguntas. Nada ocurre por azar. El azar puro y definitivo es un accidente. Algo inesperado e impredecible que sobreviene y que en un instante cambia nuestra vida. Un accidente físico que nos disminuye en algún aspecto. O un accidente psíquico que nos marca para siempre. Eso es el azar. El resto es destino, carácter, circunstancias. Y ahí es donde hay que regresar a la infancia en busca de explicaciones. En mi caso deduzco de mis indagaciones íntimas que fue el placer del trabajo, el orden exterior y el orden intelectual temprano, factores decisivos que pusieron las bases de toda mi trayectoria en el trabajo futuro.

Mi infancia fue una infancia sana, protegida, afectivamente colmada, austera pero pródiga en cuidados y atenciones. Una infancia afortunada que transcurrió bajo la guía y la presencia constante de mi madre. Mis hermanos menores fueron mis compañeros y mis cómplices, mis testigos y mi apoyo a lo largo de mi vida. A la luz del presente, surge en mi recuerdo la armonía de nuestro hogar tal como nosotros la percibíamos, sin saberlo entonces.

La mística del trabajo estaba instalada en la vida de mi madre por influjo directo de su propio padre, mi abuelo, una de las personas que indirectamente más influyó en mi infancia. A través de mi madre y también por su presencia real en las largas temporadas de mi niñez que yo pasé en su casa.

El trabajo bien hecho, con todo lo que supone de concentración, esfuerzo, entrega total a la tarea emprendida, ha sido decisivo y lo sigue siendo en todo lo que he intentado en mi vida. Me refiero, sobre todo, al trabajo intelectual, que me ha proporcionado los placeres más apasionantes, las compensaciones más completas.

El descubrimiento del juego creativo del pensamiento, la asociación de ideas, la fascinante explicación de misterios en apariencia inexplicables, me abrieron, desde la infancia, caminos de una riqueza incomparable a cualquier otra. Ese comienzo temprano en la experiencia del trabajo mental organizado, bien dirigido y bien estructurado, se lo debo a mi madre, una espléndida maestra.

La disciplina entendida como orden mental y también como forma de organizar el tiempo de la vida cotidiana y de realizar las pequeñas tareas que esa vida exige estuvo también presente en mi educación.

Ese trabajo, esa exigencia de orden y esfuerzo, nunca supuso una imposición rígida y autoritaria sino por el contrario una guía, una ayuda y una comprobación de lo fácil que se vuelve todo cuando se emplea la inteligencia adecuadamente.

El entusiasmo que produce el descubrimiento de los hallazgos que han hecho otros y que nos llegan a través del estudio desemboca a su vez en la curiosidad creciente por conocer más.

La deslumbrante revelación del conocimiento es el punto de partida para cualquier actividad intelectual.

El mundo de los libros, la pasión por la lectura precozmente despertada, suponen un estímulo decisivo que acelera la constante evolución, el creciente interés por lo desconocido, el cauce para dar forma y sentido no sólo a la función intelectual sino también a la sensibilidad y a la capacidad de acercamiento solidario hacia el resto de los seres humanos.

Mirando atrás, me reconozco en la niña que fui, me veo frente a mi madre pidiéndole que me explique lo que no entiendo, siguiendo sus orientaciones y aceptando su ayuda. Y me veo también en los largos veranos, en la bohardilla de mis abuelos maternos, tumbada sobre una manta frente al balcón, en el cuarto de las manzanas, leyendo sin cesar, devorando ávidamente cuentos, hojeando *Alrededores del mundo* y otras revistas de viajes que mi abuelo atesoraba y me impulsaba a leer.

*

La infancia en guerra duró tres años. Yo tenía trece aquel 1 de abril de 1939 y en junio terminé el tercer curso de Bachillerato. El final de la guerra coincidió con el despertar intenso de mi adolescencia. La adolescencia es la etapa más difícil, desde el punto de vista físico y psicológico, de la vida humana.

«La adolescencia —escribe Ericson— ha sido percibida como la etapa clave de crisis de identidad personal». La adolescencia es una búsqueda y una lucha en un intento de descubrir las claves que van a definir la propia personalidad adulta. Esta lucha no es grata. Es una lucha dura y se hace con dolor. El adolescente sufre con los cambios bruscos que experimenta y resulta insoportable, para los adultos cercanos, en su deseo de afirmar su personalidad. Los adolescentes, chicos o chicas, se vuelven malhumorados, provocadores, rebeldes, agresivos. Y sufren desgarros inconscientes en la búsqueda, el ensayo, el riesgo.

Así como mi infancia había transcurrido en la libertad y la alegría de la naturaleza, mi adolescencia se vio socialmente inmersa en los modos y formas de vida de una pequeña ciudad donde todo tenía un matiz añadido de observación, crítica, denuncia. Todas las conductas estaban bajo sospecha en aquella posguerra miserable y tiránica que estábamos inaugurando. Habíamos empezado a vivir bajo una dictadura. Los «paseos de provincia de siete a nueve y media» eran observatorios censores. ¿Con quién iba cada uno? ¿De qué discutían o parecían discutir? ¿De dónde había salido ese peinado, ese traje de mujer? Las comedias rosas americanas que de vez en cuando llegaban a nuestros cines eran peligrosas. Los libros que tuvieran un mínimo contenido alarmante habían desaparecido misteriosamente. La vida era gris. Una nube cargada de presagios, una losa, una inmensa cortina gris que lo envolvía todo. Muchas veces me he preguntado si eso era así para todos o si sólo algunos, los que se consideraban vencidos, tenían esa percepción. Lo que sí estaba claro es que aquella estrechez de criterios morales, aquella opresión religiosa, influía en todos los padres. Incluso los que habían sido siempre avanzados en sus ideas se convertían también en guardianes celosos de las costumbres y controlaban a sus hijos, y sobre todo a sus hijas, con rigor.

Nunca he olvidado la experiencia de una dictadura. Todavía ahora, al cabo de los años de libertad, yo temo con frecuencia la amenaza de un trámite burocrático mal hecho, de una declaración sincera y crítica —¿peligrosa?— en una entrevista.

El fantasma de la represión se cierne sobre mi conducta. ¿Qué ocurrirá si he puesto un sello menos en un documento? ¿Y si me he retrasado en rellenar un cuestionario en el que me reclaman —¿por qué siempre de modo autoritario?— una serie de datos personales para cualquier cuestión irrelevante?

Ese miedo, ese temor, permanece siempre. Es el resultado de una experiencia traumática. Es la consecuencia de una infancia, una adolescencia y una juventud vividas bajo la dictadura. «Cuidado, cuidado», parecía ser la consigna general de las familias. Los adultos tenían miedo y trasladaban su temor a los jóvenes.

Una mirada, un gesto captado en un adulto, era un signo de inquietud. ¿De dónde venía el peligro?, nos preguntábamos. ¿Cuál era la causa de la inseguridad y la incertidumbre que se percibía a nuestro alrededor? Trece, catorce, quince años. Nuestra adolescencia coincidió con la Segunda Guerra Mundial. La inquietud aumentaba. ¿Entraría España en guerra? Las noticias en español transmitidas por la radio desde París o Londres eran escuchadas en el rincón más retirado de la casa. «Estación de Londres de la BBC hablando para España...» En España la presencia de Alemania e Italia era evidente en todas partes, fachadas, banderas, himnos.

La política, la historia, seguían influyendo en mi vida. La sociedad española se volvió más timorata que nunca. Las costumbres, influidas por la presencia y el peso de la Iglesia, retrocedieron al siglo XIX.

Pero la adolescencia tiene en sí misma tal fuerza que esquiva las barreras impuestas. Los adolescentes se integran en un grupo y el grupo sustituye a la familia en cuanto a confianza y aceptación mutua de modos de conducta. Tengo que confesar que mis trece, catorce, quince años, fueron alegres y excitantes a pesar de las circunstancias sociales y políticas. La comunicación entre iguales, la rebeldía, los primeros amores platónicos, las confidencias entre amigas, llenaban mis días.

Lo malo de esta etapa fue que en sus comienzos descuidé totalmente mis obligaciones escolares y en junio suspendí prácticamente todo el curso tercero. La consecuencia de este desastre adolescente fue un verano encerrada en casa, estudiando y recuperando el tiempo escolar perdido. Mis padres no eran competitivos, pero yo había defraudado la confianza que habían puesto en mí y esa decepción tenía sus consecuencias. De modo que mi rebeldía adolescente naufragó ese verano en un mar de apuntes, libros, problemas.

Fueron unos meses largos y tediosos y nunca más en toda mi vida de estudiante volví a suspender una asignatura.

Limitadas al máximo las salidas con amigas, leía mucho. Por entonces empecé a escribir versos miméticos, plenos de sentimientos desbordados y exaltaciones pasajeras.

Mi afición a la lectura había ido aumentando con los años. A una infancia alimentada con toda clase de cuentos, libros de aventuras, etcétera, había seguido una adolescencia ávida de lecturas románticas y apasionantes. Al principio eran novelas rosas, novelas de amores desdichados y ambientes exóticos. Pero mi afición crecía y reclamaba más libros, más variados, más interesantes.

Una circunstancia definitiva se cruzó en mi adolescencia. El descubrimiento de la biblioteca de Azcárate, de la Fundación Sierra Pambley. Una institución laica de raíces izquierdistas, dirigida en ese momento por una persona que llegó a ser clave para la vida cultural leonesa. El director de la biblioteca era un sacerdote escritor y periodista, cultísimo y apasionado por la poesía, don Antonio G. de Lama. La biblioteca estaba a un paso de la catedral. Era una casa grande, con un portal amplio y una

escalera que, al fondo, conducía a las dependen-
cias de la Fundación. En el portal, a la derecha,
unos escalones y una puerta de cristal y, al fondo,
la biblioteca, las librerías de madera oscura, llenas
de libros a mi alcance. Las mesas de madera noble,
gruesas, sólidas, amplias, donde podíamos leer toda la tarde. Y sobre todo, don Antonio en su estra-
do, detrás de su mesa-pupitre, dispuesto a atender-
nos, sonriente y cordial. Enseguida me di cuenta
de que los que leíamos con pasión y una voraci-
dad inextinguible estábamos ante una especie de
milagro. Don Antonio nos iba introduciendo en
breves conversaciones a la gran literatura prohibida,
los libros censurados y relegados al sótano. Unos
libros que hoy parecería absurdo prohibir dado
que forman parte de la mejor literatura universal.
Don Antonio nos instruía, nos explicaba, trataba
de transmitirnos sus conocimientos literarios, sus
puntos de vista sobre las obras que nos aconseja-
ba. Además, nos «examinaba» cuando devolvíamos
los libros prestados. Escuchaba nuestras opiniones, tímidas al principio, libres y vehementes poco
a poco, cuando nos habíamos convertido en visitantes habituales. Algunos, los más asiduos, nos
quedábamos a veces un rato de tertulia, después de
cerrar la biblioteca. Éramos pocos. Nunca olvidaré a los primeros contertulios literarios de mi vida.
Los poetas Victoriano Crémer y Eugenio de No-
ra, el músico Pepe Castro Ovejero, el filósofo Eloy
Terrón. Yo era por entonces la única chica del grupo. Allí nació en 1943 la idea de crear una revista
de poesía cuyo primer número vio la luz en 1944,
cuando yo acababa de trasladarme a Madrid con
mi familia.

En la atmósfera árida y opresiva de la España de entonces, grupos de aficionados a la literatura parecidos al nuestro estaban apareciendo en muchas ciudades de España: el exilio interior de la inteligencia y la cultura. Y el deseo de saber más, de asomarse al fenómeno cultural de unos jóvenes que estábamos escasos de estímulos literarios y artísticos.

Otra casualidad afortunada fue, en aquellos años de bachillerato, la presencia en mi vida de una mujer que, después de mi madre en los años de Primaria, fue la que más me influyó en mi formación literaria adolescente. Felisa de las Cuevas, amiga de mi familia, formada en Madrid, asidua a la Residencia de Estudiantes y a los intelectuales de la República. Inspectora de enseñanza depurada desde el primer momento de la posguerra, era un claro ejemplo de los intelectuales ilustrados, y me abrió horizontes insospechados con las clases que recibía en su casa. En medio de la represión intelectual del franquismo, ella, como don David Escudero en la Preparatoria, me enseñó a distinguir lo bueno de lo excelente en literatura. Me contó anécdotas brillantes, me puso en contacto con un mundo que siempre he mitificado. El mundo superior europeo, inteligente, de los españoles que creyeron en un sueño. El sueño que duró los cinco años de la República.

*

Un día —creo que en el otoño de 1942, ya había empezado la guerra mundial— mi padre me

llevó a Madrid, donde tenía que resolver algún asunto. Yo tenía dieciséis años y aquel Madrid pequeño
y destartalado me fascinó. Mi padre me llevó al cine
Callao un día y al Capitol otro. El Callao estaba de-
corado en tonos amarillos y el Capitol en rojos. La
Gran Vía me pareció un escenario de las películas
americanas de aquellas épocas que veíamos en mi
ciudad. La Gran Vía, con sus tiendas, mucha gente,
muchos coches. Todavía hoy, la Gran Vía me parece un escenario adecuado para una película de cine
negro, en blanco y negro, de los años cuarenta.

Es curioso que sea ese impacto ciudadano lo
que más recuerdo de esa primera visita a una ciudad en la que he vivido ya sesenta años. El Museo
del Prado, la Puerta del Sol, el Madrid de los Aus-
trias, El Retiro, todo me interesó. Pero fue la Gran
Vía la que me hizo sentir que allí, en esa calle, había
algo que tenía que ver con el mundo más amplio
y lejano, el mundo cosmopolita de las películas.

Dos años después, en 1944, toda mi familia se trasladó a Madrid. Yo había hecho el primer
curso de Filosofía y Letras en la Universidad de
Oviedo, la más cercana a mi ciudad, pero mis dos
hermanos que todavía estaban en bachillerato tenían que seguir en su momento mis pasos y mis
padres decidieron, pensando en nuestro futuro, lan-
zarse a la gran aventura de Madrid. Los tiempos
eran difíciles. La comida escaseaba después de la
guerra. Había cartillas de racionamiento de primera, segunda y tercera clase, de acuerdo con la categoría económica de los ciudadanos. En la de tercera, por ejemplo, daban más pan y todo el mundo

prefería ésa si podía conseguirla. El pan, por otra parte, se vendía en el mercado negro en las entradas del metro. El famoso puré San Antonio, una legumbre triturada, inidentificable, era la base de la alimentación para muchos madrileños. Llegados de una zona agrícola en la que era fácil conseguir legumbres, pan, embutidos, etcétera, el panorama alimentario de Madrid era duro.

Mi padre viajaba con frecuencia a León y volvía cargado de alimentos. Recuerdo muy bien aquella época, cuando las mujeres «estraperlistas», las que iban a conseguir los productos deseadísimos del campo para venderlos en Madrid a precios altos, antes de alcanzar la estación del Norte, tiraban sus maletas por la ventanilla. Las maletas eran recogidas por colaboradores, ya preparados, que esperaban los equipajes prohibidos. Era una forma de rehuir los registros que se producían al entrar en la estación de Príncipe Pío.

Nosotros llegamos a Madrid a principios de septiembre, justo para que los tres hermanos pudiéramos empezar nuestros cursos.

Para mí, la Ciudad Universitaria y el edificio de Letras significaron el comienzo de otra etapa de mi vida. Los primeros días empecé a conocer a los nuevos compañeros de segundo de Comunes. No éramos muchos. El primer compañero interesante que me encontré fue a José María Valverde, dieciocho años, como yo, y ya era un poeta que acababa de publicar *Hombre de Dios,* un libro que había despertado entusiasmo en los medios literarios. Yo le admiré desde el primer momento. Conservo dedicado un ejemplar del libro. Para nosotras, las compañeras de clase, fue una especie de Etvuchenko, el joven poeta ruso al que seguían las jóvenes como si fuera un actor o un cantante de moda.

Valverde y yo solíamos ir juntos a la Facultad. Coincidíamos en Cuatro Caminos. Él venía de El Viso y yo de Ríos Rosas, donde vivíamos entonces. Desde allí bajábamos andando por Reina Victoria hasta la Ciudad Universitaria. Al terminar segundo de Comunes nuestros horarios ya no coincidían y nos veíamos menos porque cada uno había elegido una especialidad.

Desde el principio de la carrera yo había simultaneado mis dos pasiones, literatura y educación. Los dos primeros cursos de la carrera de Filosofía y Letras eran comunes a todas las especialidades, pero en el tercero había que decidirse por una. Justo cuando yo tenía que elegir, curso 1945-1946, comenzó por primera vez después de la guerra la especialidad de Pedagogía, que me tentó de inmediato. Filología Hispánica, la rama que seguían los que querían escribir, me inspiraba dudas dada la censura vigente, sobre todo en literatura contemporánea, que en ese momento absorbía mi atención.

En cuanto a la nueva rama de Pedagogía, despertó toda mi herencia familiar en educación. Llevada sólo de la pretensión de saber más «científicamente» en cuanto a educación, todavía hoy no comprendo cómo no me di cuenta de que la censura ideológica no podía estar ausente en la nueva especialidad.

Así que los tres años siguientes fueron, desde el punto de vista universitario, un limitado periodo durante el cual, lo mismo que en la formación literaria, funcionó sobre todo el autodidactismo. Con excepción de algún profesor que estaba ávido de saber más de su asignatura, la tónica general fue gris, aburrida, mediocre.

Para entonces yo tenía ya muchos amigos, compañeros que estaban en la Facultad porque querían ser escritores y pensaban que aquél era el mejor camino para aprender. Del 44 al 48 frecuenté a Miguel y Rafael Sánchez Ferlosio (Miguel no era de nuestra Facultad pero venía mucho por allí), a Alfonso Sastre, a Francisco Pérez Navarro, a Jesús Fernández Santos. La amistad con todos ellos continuó después de terminar la carrera.

En aquel tiempo, la Facultad tenía pocos alumnos y era fácil conocer a todo el mundo. Ocupábamos sólo la planta baja, el primer piso y, parcialmente, el segundo.

Charlábamos, de literatura sobre todo. Poesía, novela, cuento, teatro, eran nuestras pasiones y nuestro tema principal de conversación.

Conseguir libros era difícil. La búsqueda de la literatura prohibida, el hallazgo, el descubrimiento de una librería de confianza que escondía tesoros o de un amigo que había recibido de un pariente en Argentina una traducción interesante, todo era motivo de exaltación y alegría. Los libros pasaban de unos a otros. El existencialismo francés, los novelistas italianos, los americanos. Descubrimientos comunes, descubrimientos difíciles que sólo quienes hayan vivido experiencias de parecidas dictaduras pueden comprender.

Aquel grupo de amigos eran jóvenes escritores que empezaban a publicar en las revistas universitarias del momento. Sobre todo *La Hora,* que acogía en sus páginas sus trabajos literarios.

La Hora dependía del SEU, el Sindicato Español Universitario, al que pertenecíamos todos los estudiantes por decreto y cuya cuota anual de pertenencia se pagaba al hacer la matrícula, con los costes correspondientes al curso. *La Hora* la dirigía un compañero, y fue, que yo recuerde, el primer papel impreso en que aparecieron cuentos, poemas y artículos de todos los amigos. Hace poco, Juan Cruz me regaló una colección de la revista que había encontrado en alguna librería de libros antiguos. En ella he reencontrado con nostalgia las colaboraciones y los nombres de todos nosotros.

En aquella aridez de la vida universitaria, había un grupo de alumnos muy interesados por el teatro. Entre ellos Alfonso Sastre, Jesús Fernández Santos, Medardo Fraile y Alfonso Paso. Su entusiasmo hizo posible que se pusiera en marcha el montaje de un estreno bajo los auspicios del TEU (Teatro Español Universitario).

En el paraninfo de la Facultad de Letras se representó la obra de Synge, *Jinetes hacia el mar,* que tuvo un verdadero éxito. Invitamos a Walter Starkie, director del Instituto Británico, que nos elogió mucho. (Digo «nos» porque, en mi modestia, yo tenía una frase al final de la obra.) Jesús Fernández Santos, el protagonista, era un formidable actor, lo mismo que Paso.

En aquel curso (1948-1949) también se estrenaron dos obras cortas: *Hello, out there* de Saroyan y *27 vagones de algodón* de Tennessee Williams; la primera vez, por cierto, que se oía hablar de estos autores.

La Facultad, desde el punto de vista académico, era aburrida. La censura gravitaba sobre todas las asignaturas y la biblioteca se veía limitada y disminuida por la misma razón. Eran malos tiempos para una carrera de Letras. En mi asignatura de Psicología estaba prohibido Freud. Por otra parte, apenas había actividades extraescolares, deporte, conferencias, música.

Como acontecimiento excepcional, recuerdo la visita de Eva Perón a la Facultad y un acto que hubo en el paraninfo al cual nos «invitaron» a asistir a todos los alumnos. Evita llevaba un traje blanco y era rubia y guapa. Debió de pronunciar algunas palabras pero lo cierto es que no las recuerdo.

Nada más llegar a Madrid yo me había matriculado en el British Institute, en la calle Almagro. El inglés que había iniciado muy superficialmente en el bachillerato me entusiasmaba y decidí continuar estudiándolo en el lugar que me parecía más adecuado, el British Institute.

En plena guerra mundial, lo británico no era muy popular en un país gobernado por un indiscutible partidario de la Alemania nazi. Por esa razón, los alumnos del British eran escasos. En mi clase, sólo cuatro o cinco. El profesor, Mister Kelly, era magnífico. Creo que con él aprendí todo lo más importante del idioma. Era alegre, simpático y tenía unos métodos estimulantes.

Como anécdota significativa, recuerdo que un día nos enteramos de que grupos de jóvenes pronazis habían asaltado a algunas alumnas al salir del British al anochecer. Les cortaban el pelo al rape, las obligaban a tomar aceite de ricino, etcétera. A mí nunca me ocurrió nada, quizá porque mi clase era a primeras horas de la tarde, en pleno día.

Poco tiempo después entré en contacto con el Instituto de Boston, el famoso Institute for Girls in Spain. Era una institución fundada en Madrid por Alice Gordon Gulick, en 1892, dedicada a mejorar la educación y la enseñanza de la mujer española. En 1910 se amplió el edificio original, en Fortuny 53, con otro nuevo edificio en Miguel Ángel 8.

Allí hice unos cursos de Biblioteconomía, siguiendo el método Dewey, y conocí a algunas americanas interesantes. Al descubrimiento del Boston y su biblioteca siguió otro, apasionante, la Casa Americana*, centro cultural de la Embajada de Estados Unidos, cuya biblioteca fue fundamental para mis aficiones literarias. En aquella época tenía una espléndida sección literaria. Libros de autores poco conocidos para nosotros y supongo que poco conocidos en España. Sherwood Anderson, Sinclair Lewis, Steinbeck, Dos Passos, Hemingway,

---

* La Casa Americana y la residencia del embajador estaban en el mismo edificio. Una casa en la calle de Don Ramón de la Cruz, muy cerca de Serrano. Allí se representó en aquellos años una obra de Lorca por un grupo de estudiantes americanos.

Faulkner, Scott Fitzgerald, etcétera. Las obras estaban en inglés pero había bastantes traducidas al español.

Aquel descubrimiento sirvió para que los amigos nos pusiéramos al día en literatura norteamericana y nos embriagáramos de «generación perdida».

A propósito de esta literatura recuerdo que, por entonces, descubrimos en la calle Barquillo un almacén de Espasa Calpe en el que se encontraban libros que habían quedado fuera de circulación por distintos motivos. Allí compramos, sorprendentemente, al final de los cuarenta, *Santuario* de Faulkner (ocho pesetas), la primera novela que leí en español de ese autor.

En cuanto a la literatura española, nosotros, los jóvenes de entonces, seguíamos leyendo y admirando a la generación del 98 y a la del 27, y hubo dos novelas, nuevas, que nos sorprendieron de distinta forma: *La familia de Pascual Duarte* de Cela y *Nada* de Carmen Laforet.

El libro de Cela se salía del esquema deseado oficialmente: triunfalismo, imperialismo, España, el mejor lugar de la Tierra. Con un lenguaje brillante y un tema terrible, sacudió la sensibilidad adormecida de los lectores de la posguerra.

En cuanto a Carmen Laforet, *Nada,* aquella novela escrita por una joven en la que habla de una estudiante en la Barcelona de los cuarenta, tenía una carga de angustia y desolación que coincidía en muchos aspectos con nuestra propia percepción del Madrid de posguerra.

Un día fui con unas amigas a visitar a don Pío. Era un atardecer de invierno. Nos acercamos tímidas a aquel barrio señorial, la Academia, El Retiro, el Museo del Prado. La calle Ruiz de Alarcón. Nos abrió él mismo la puerta, envuelto en su bufanda y protegido por su boina. Nos pasó a un salón donde había dos o tres personas de su edad y dos de la nuestra: Juan Benet, apoyado en la chimenea, a quien conocí ese día, y a su lado Manolo Pilares, a quien ya conocía del Gijón.

Baroja era como nos lo imaginábamos, como nos habían dicho, como se reflejaba en sus anécdotas y en su literatura. Era el gran novelista vasco a quien leíamos con pasión. Jamás olvidaré aquella visita en la que nosotras hablamos poco y él dialogó con sus amigos de temas variados que iban surgiendo en el tiempo que estuvimos allí.

A Azorín se le podía ver por la calle de la Montera, paseando por la mañana, a la busca de un programa de cine doble porque se había convertido, en sus últimos años, en un aficionado tremendo.

Adorados viejos, antepasados vigorosos, supervivientes de una generación de ¿abuelos? nuestros. El nexo que nos mantenía unidos a la historia de nuestra literatura.

En librerías buenas y de confianza se podían encontrar de vez en cuando traducciones interesantes de otros países y también literatura iberoamericana.

A través de los libros que podíamos conseguir, de las revistas que parientes o amigos enviaban a España y de las películas por inocentes y censuradas que fueran, un mundo «ancho y ajeno» se abría ante nosotros. Salir de España, conocer otros países, era un deseo recurrente, con un fondo de congoja y desesperación. A los problemas meramente técnicos —pasaportes, visados—, a la dificultad de viajar a una Europa recién salida de la guerra de 1945, destrozada y en periodo de convalecencia, se unían las dificultades del régimen franquista, mal visto por los vencedores de Europa y poco dado a facilitar a sus ciudadanos la salida al exterior.

Por otra parte, la economía nacional estaba sometida a toda clase de restricciones. Recuperarse de los destrozos de la guerra civil, prescindir de la ayuda exterior dedicada a la propia reconstrucción de los países implicados en la guerra mundial, hacía casi imposible para una familia de clase media propiciar la salida de nuestras fronteras a alguno de sus miembros.

En el curso 1948-1949 yo había iniciado los dos cursos del doctorado. Precisamente a finales de ese curso tuve la suerte de conocer a una sobrina de María Moliner, cuya casa frecuentaba porque mi hermana Gaba era amiga de Carmina, una de sus hijas. Emilia Moliner, que acababa de llegar de Londres, me contó que había trabajado varios meses, de mayo a octubre, en Crosby Hall, una residencia famosa de mujeres universitarias, posgraduadas y profesionales de distintas especialidades. El trabajo de Emilia consistía, como el de otras estudiantes extranjeras, en sustituir al personal de la residencia en tareas no cualificadas, como ayudar en los turnos de comedor, de cocina, de habitaciones, durante las vacaciones de las empleadas fijas.

Las estudiantes extranjeras tenían su propia habitación como una residente más y recibían una pequeña cantidad semanal para sus gastos. En las horas libres de trabajo comían con las residentes y tomaban parte en las actividades culturales que la residencia organizaba. La libertad de entrar y salir en sus horas libres era total.

Absolutamente fascinada por las confidencias de Emilia Moliner le pedí los datos necesarios para escribir y solicitar un puesto para el verano, fecha en la que terminaría mi segundo curso de doctorado. La respuesta fue rápida. Me esperaban en junio del 50.

*

Cincuenta y dos años después, me resulta difícil creer que un viaje a Londres pudiese significar tanto para mí y para los que me rodeaban. Hoy no podría imaginar un viaje que sorprendiese más. ¿Quizá un viaje a la Luna? Puede que ni siquiera eso.

Mis padres apoyaron la idea, me pagaron el viaje y me ayudaron en todo lo que pudieron. Hoy, cuando pienso que mi hija salió por primera vez de España a los catorce años y que mi nieto a los ocho ya había viajado a París, a Nueva York, a Londres, a Suiza, me doy cuenta una vez más con una tristeza resignada de lo decisivo que es nacer en uno u otro momento de la historia del propio país. Pero nada es blanco o negro. Todo tiene su lado positivo, en medio de una abundancia de lados negativos.

Ellos, mi hija y mi nieto, no han podido vivir etapas y circunstancias que yo he vivido y que no cambiaría por las facilidades del mundo de hoy.

Circunstancias y etapas que a la gente de mi generación nos prepararon para afrontar con serenidad las dificultades del vivir cotidiano y desarrollaron en nosotros la capacidad de valorar los pequeños momentos felices, los breves instantes de felicidad conquistada.

El hecho es que a finales de mayo emprendí mi viaje en tren hacia París, primera etapa del viaje a Londres.

La belleza fulgurante de la ciudad me deslumbró. Permanecí en ella dos días vagabundeando solitaria con mis planos en la mano, absolutamente extasiada. Comprobar que estaba en Europa, que había traspasado la barrera de unos Pirineos mucho más significativos que el mero accidente geográfico, me hacía estremecer. Las inevitables huellas de la guerra, una cierta melancolía, un aire de convalecencia generalizada, no eran suficientes para oscurecer el brillo, el ritmo vital recuperado, la fuerza de un país, una sociedad, una cultura impresionantes.

La bandera del partido comunista que ondeaba en un edificio, las librerías que exhibían títulos tentadores, las parejas que se besaban bajo una farola junto al Sena, todo me producía una conmoción acongojante. La libertad estaba allí. Existía. Era la libertad soñada, idealizada, angustiosamente ausente en nuestra adolescencia y nuestra primera juventud. Estaba tocando el paraíso.

La travesía del Canal fue tranquila. En cubierta había un grupo de estudiantes, chicos y chicas ingleses. Enseguida vinieron a hacerme la inevitable pregunta.

«Where do you come from?»

Mi respuesta les fascinó.

«Oh, Spain!»

Me hicieron mil preguntas de la guerra, de Lorca, de Franco, de nuestra universidad. Dos de ellos, Michael y Margaret, fueron mis primeros amigos ingleses. Intercambiamos direcciones y promesas de llamadas telefónicas durante el viaje en tren hasta la estación Victoria.

El tren inglés, el té que nos ofrecieron, el paisaje que se deslizaba ante nuestros ojos, las casas rojas, los jardines, el cielo gris, me iban introduciendo en un país que siempre me había atraído a través de la literatura.

Estación Victoria, Londres. La llegada. Era el comienzo de una experiencia deseada, esperada y, en aquel momento, insólita.

*

Muchas veces desde entonces, he vuelto a Inglaterra. Pero por encima de otras experiencias posteriores, ese primer viaje a Londres, a Europa —una Europa que se estaba recuperando de una guerra terrible terminada sólo cinco años antes—, ese viaje a la libertad y a la cultura que en España permanecía reprimida, ha quedado grabado en mi memoria para siempre.

Londres había sido una de mis ciudades soñadas desde la adolescencia, cuando leí *La ciudad de la niebla* de Baroja.

«El sol, como un círculo indeciso ahogado en la bruma, parecía disolverse entre nubes ambarinas y después de mirar en los miradores del Parlamento, se acercaba a sus torres y a sus pináculos que se destacaban negros en el horizonte», escribió don Pío.

Londres, hermosa, fuerte, serena a pesar de los destrozos de los bombardeos, estaba llena de vida. El río. Barcos, gabarras, el transporte fluvial renacido con su vigoroso poderío. El Londres malherido de los nueve meses ininterrumpidos de bombardeos había renacido.

Los parques eran maravillosos. Los museos, espléndidos. Un mundo nuevo y diferente se extendía ante mis ojos asombrados.

La primera visión de Londres como «ciudad con río» fue inevitable. Paseando cerca del Támesis desde la orilla izquierda en que está Crosby Hall, se veía al otro lado la orilla derecha, las fábricas, los almacenes, las grúas altas. El Londres industrial, herido todavía como consecuencia de los bombardeos.

Crosby Hall, situado en el barrio de Chelsea, se fundó, como residencia para mujeres, en 1927. El edificio es espléndido. La residencia se construyó anexa al Gran Hall, que data de 1466, y se utiliza como comedor y para encuentros, exposiciones y otras actividades ocasionales.

El Hall tiene una gran tradición de visitas históricas y actos importantes en el pasado. El lugar donde se construyó era parte del jardín de la familia de Sir Thomas More, el famoso filósofo del siglo XVI, quien, adelantado a su tiempo, educó a sus hijas igual que a su hijo.

El mismo día que llegué, por la tarde, me indicaron una dirección cercana donde tenía que ir a inscribirme para recibir mi cartilla de racionamiento. Todo se resolvió en unos minutos, sin hacer cola. Era una cartilla para bombones y algún lujo gastronómico más. Comparada con la carencia que sufríamos en España, con alimentos fundamentales racionados después de once años del final de nuestra guerra, aquella abundancia me sorprendió.

Mi asombro crecía ante el nivel de confort que este país convaleciente disfrutaba. Me sorprendieron los pequeños objetos de uso diario que nunca había visto en España, objetos prácticos para la casa, de diseño cuidado y de escaso precio.

El trabajo en la residencia era fácil y me ocupaba pocas horas. Tenía libertad de horario cuando no trabajaba.

En la cocina me dejaban la cena en el horno cuando salía y regresaba tarde. Tarde eran las diez de la noche porque la cena se servía a las seis. Las cocineras y las camareras me recibieron con mucha cordialidad.

Me preguntaban acerca de España, un país desconocido y lejano, al que, aunque ellas no lo sabían, les sería fácil viajar algunos años después.

Me contaban historias interminables sobre las diferentes personas del *staff*. Y sus propias vidas, sus dramas, sus recuerdos. Eran gentes fuertes y sonrientes que llevaban adelante las tragedias vividas con una energía admirable.

Las residentes eran en gran parte extranjeras y sólo una procedía de un país que hablaba español: Leonor Fiorini, argentina, especialista en hidrogeología, mayor que yo. Enseguida nos hicimos amigas.

Michael, mi conocido de la travesía en el ferry, me fue a recoger un día y me llevó a la casa de sus padres. Era una familia de músicos. El padre era director de orquesta, una de las hermanas pianista, otra violinista y él, Michael, estudiaba Letras. Vivían en una casa victoriana con un jardín encantador. Me sorprendió ver que, en el garaje, el hermano mayor había instalado un taller de reparación de coches y que toda la familia lo aceptaba con naturalidad. En 1950, en una familia española de parecidas características, esa elección hubiera sido una vergüenza social.

Michael me llevó otro día a visitar a un hermano de su padre que vivía en una casa maravillosa cerca de Londres. Fue una tarde deliciosa. En mi honor, después del té, el anfitrión, un hombre mayor, de pelo blanco y arrogante figura, me leyó sus fragmentos favoritos del Quijote en un español difícil de entender pero que él comprendía profundamente.

La vida en Crosby Hall era interesante. Las mujeres residentes procedían de todas partes del mundo. Europa, América, Australia, Nueva Zelanda... Las profesiones también eran variadas. Desde una especialista en enfermedades tropicales a una investigadora sobre la delincuencia juvenil. Desde una directora de museo a una estudiosa del diseño de alta costura.

Me gustaba mucho hablar con ellas. Me mostraban un mundo, el suyo, de mujeres superiores intelectualmente, independientes, progresistas, libres. Me preguntaban por España y por nuestra guerra con un interés melancólico y hacían una alusión inevitable a la suya.

En Crosby Hall había actividades culturales con frecuencia, conferencias, debates, etcétera.

Un mundo nuevo, apasionante, se desplegaba ante mi curiosidad cuando charlaba con estas residentes. En las horas libres de trabajo, mi vida se incorporaba a la de ellas, durante las comidas o en el salón de descanso.

Crosby Hall está situado en una zona muy hermosa de Londres, en Chelsea. Un barrio aristocrático y residencial, con un pasado bohemio, lleno de recuerdos literarios. Allí vivió Oscar Wilde, allí murió Henry James.

En Chelsea, los jóvenes tomaban cerveza sentados en el suelo a la entrada de los pubs. Era verano y las márgenes del río cercano, los jardines, las calles, invitaban a estar fuera. En los parques, jinetes y amazonas paseaban a caballo y las gentes, tumbadas en la hierba, se relajaban bajo un tímido sol. Me sorprendía no ver ningún letrero de «Prohibido pisar el césped» tan habitual en la España de entonces.

*

Las dos Españas tenían su representación cultural en Londres.

La España oficial, en el Instituto de España, y la España republicana, en el Instituto Español, donde se reunían los exiliados. En aquellos tiempos había muy pocos españoles en Londres con pasaporte español. Desde el principio —supongo que localizada por el pasaporte— me invitaron a los festejos que en el Instituto de España se celebraban. Por su parte, en el Instituto Español también me invitaban. Tenía algunos conocidos en la ciudad, exiliados para los cuales me habían dado tarjetas amigos de Madrid, como, por ejemplo, el folclorista Eduardo Torner, que vivía en Londres con su familia. O Francisco Mateos, pintor. En el Instituto Español conocí a varios locutores de la BBC que me invitaron a visitar el Cristal Palace, donde trabajaban en los programas de radio para España.

Observé un fenómeno muy curioso. Muchos de los exiliados no sabían apenas inglés pero tenían a su alrededor a un grupo de ingleses que habían aprendido con ellos nuestro idioma. Era el caso de Wanda, una pintora que me presentó Mateos y de la que me hice amiga.

Los exiliados españoles habían estado muy comprometidos con la defensa civil de Londres durante la guerra. Noche tras noche colaboraban en la ayuda a los barrios que resultaban afectados por los constantes bombardeos nocturnos y, más tarde, al terminar la guerra, ayudaron a recuperar la normalidad de los servicios en la gran ciudad.

*

Los cinco meses que pasé en Londres fueron decisivos para mí. A los veinticuatro años, con los cursos de doctorado terminados y con el horizonte desértico y poco alentador que se vivía en España al comenzar la década de los cincuenta, mis dudas y mis inseguridades acerca de mi futuro profesional eran abundantes.

Mi madre, como maestra, me había transmitido con su ejemplo, sus libros y las revistas profesionales del breve periodo republicano, la base y el fondo de lo que iba a ser mi formación pedagógica individual.

Por ella supe que los grandes fundadores de la ILE fueron los que habían influido intensamente en el programa educativo de la República. El sueño europeísta tenía su raíz en la formación de sus componentes, que habían vivido y estudiado en Inglaterra, Francia o Alemania.

Los libros que encontré de personas vinculadas a la educación y a la psicología de la ILE fueron muy importantes para ampliar, más adelante, mi horizonte de autodidacta cuya base había sido la educación familiar.

*

De las personas que conocí en Londres, algunas me impresionaron especialmente por su significado cultural. Por ejemplo, Sir Cyril Burt, un psicólogo importante a quien me presenté con una carta del doctor Germain, mi maestro en Psicología, cuando después de terminar la carrera empecé a frecuentar el Instituto de Psicología del CSIC, que estaba incluido en el Luis Vives de Filosofía. Germain era un hombre muy interesante, con gran formación científica y humanista, que había traducido e introducido en España el famoso test de Terman en los años treinta. Trabajar con él fue un privilegio. Había dirigido el Instituto de Psicología y Psicotécnica y fue uno de los pocos intelectuales que no se exilió a pesar de su clara pertenencia al grupo de la República. Por cierto, en el departamento de Psicología conocí a Luis Martín Santos, un joven psiquiatra que también acudía allí en busca del doctor Germain. Martín Santos publicó años después una excelente novela, *Tiempo de silencio*. Luis asistía a una tertulia en Gambrinus a la que también asistían amigos míos: Francisco Pérez Navarro, Juan Benet y Miguel Sánchez Mazas. Yo fui alguna vez. Recuerdo que se hablaba sobre todo, y mucho, de filosofía.

*

Siempre pendiente de la prensa que anunciaba las actividades culturales en la ciudad, descubrí algo sorprendente: una exposición de arte infantil organizada por el *Sunday Pictorial*.

La visita a esta exposición no sólo me proporcionó el tema de mi tesis, *El arte del niño,* sino que me abrió un horizonte nuevo en el terreno educativo.

Busqué toda la bibliografía posible en librerías y bibliotecas y descubrí un camino libre para la creatividad espontánea y su valor excepcional para comprender y respetar el desarrollo de la personalidad infantil.

Cizek, el pintor vienés de los años treinta, había sido uno de los descubridores del valor estético y psicológico de la pintura infantil y de su influencia decisiva en la educación.

Perteneciente al renovador grupo Secesión, un grupo de jóvenes pintores y arquitectos que se rebelaron contra el arte académico, y cuya meta era despojarse de los siglos de cultura adquirida, del prejuicio estético, y afrontar la realidad que le rodeaba con los ojos limpios de un primitivo, de un niño. El descubrimiento de Cizek fue casual. A los veinte años se fue a Viena desde su ciudad natal y se alojó en casa de una familia modesta que tenía niños. Cuando los niños le vieron pintar quisieron imitarle, «jugar a pintar». El pintor les dio lapiceros, pinceles, pinturas, y los niños crearon obras que fascinaron a Cizek. Los amigos de éste, Klimt, Olbrich, Otto Wagner, se quedaron maravillados y animaron a Cizek a abrir «lo que apenas gustaban de llamar una escuela», escribe el pintor. El éxito de la escuela fue muy grande. De todo el mundo llegaban a Viena artistas y educadores a visitar la escuela de Cizek.

En otras naciones de Europa, y también en América, se estaba produciendo a principios del siglo XX una evolución lenta hacia una educación libre y una enseñanza creativa y estaban llegando a unos resultados parecidos a los de Cizek, a los del artista que de modo intuitivo había «descubierto» el arte libre del niño.

Cizek resumió su descubrimiento en una frase: «Dejad a los niños crecer, desenvolverse y madurar». En España, como descubrí a mi regreso, sólo el gran escultor Ángel Ferrant había llegado a descubrimientos parecidos. Él me regaló unos cuantos dibujos de su espléndida colección de arte infantil internacional y en una ocasión escribió: «Los niños de todos los países, por lo que hacen, se parecen como gotas de agua. Y, como ellas, son transparentes, a pesar de lo cual, en esa misma transparencia se ocultan multitud de significaciones que ellos mismos ignoran. La mundial sintonía del llanto o de los juegos de los niños se manifiesta también en sus dibujos».

Ferrant tenía razón. El llanto de los niños, el dolor de los niños, se refleja en sus dibujos. Dibujos sombríos, desgarradores, cuando los niños viven las guerras, la miseria y el dolor a su alrededor.

*

Un día, al poco tiempo de instalarme en Crosby Hall, vi una nota clavada en el corcho del vestíbulo. Se trataba de ponerse en contacto con unas señoras que vivían en Chelsea y se ofrecían para practicar inglés con las residentes extranjeras: leer con ellas, corregir su acento, recomendarles libros, ayudarles en suma. Enseguida mostré mi interés por esa generosa oportunidad y me dieron el nombre y la dirección de una de las damas: Alys Russell.

Acudí a la cita que concertamos por teléfono con una mezcla de curiosidad y timidez, pero enseguida comprendí que mi anfitriona era una mujer encantadora. Tenía entonces ochenta y tres años y miraba pasar la vida bajo su ventana, clavada en un sillón por la dolorosa necesidad de la edad. Su salón era amplio, tranquilo, y estaba lleno de libros, de cuadros, de platos de cristal en los que nadaban rosas sin tallo. La ventana del salón daba a la plaza de Wellington. La anciana parecía transparentada de luz grisácea, de delgadez y de elegancia. El corazón se le oía como un reloj gastado pero ella era joven de inquietudes, se interesaba por todo lo vivo y lo nuevo.

Ante una taza de té, le conté mi deseo de mejorar mi inglés después de mi experiencia en el British Institute de Madrid, y también mi doble vocación, la literatura y la educación. Ella mostró un interés especial en España. «Estuve allí con Bertie hace muchos años, en 1921», me dijo. Y me sometió a una serie de preguntas sobre el país, la política, la guerra civil. Yo traté de ser lo más clara y sincera posible y, en un momento de la conversación, ella me dijo cambiando de tono:

—Soy la primera mujer de Bertrand Russell.

Yo sabía muy poco de Bertrand Russell. Como alumna de la Facultad de Letras de los años cuarenta, ignoraba muchas cosas. Pero conocía ese nombre y sabía que era un filósofo importante. Mostré el máximo interés por todo lo que me contó Alys. Día tras día, a la hora del té, me pasaba a visitarla. He conocido a muchas mujeres interesantes en España y en otros países, pero la personalidad de esta americana progresista, feminista, perteneciente a una élite cultural renovadora de la sociedad inglesa, me fascinó. «Por unos días —me dijo— no has podido conocer a Bertie. Ahora está en la India, pero celebró aquí, conmigo, su setenta cumpleaños».

Efectivamente, después de otros matrimonios de Bertrand Russell, a los setenta años se produjo el reencuentro. Alys había compartido con Bertrand Russell una parte importante de su vida y recuperó su amistad, que duró hasta el fin de sus días. A través de sus charlas, cada tarde conocí un mundo apasionante.

Una hermana de Alys Pearsall Smith se había casado con un inglés y toda la familia se trasladó a vivir a Inglaterra desde la aristocrática Filadelfia. Un hermano, Logan Pearsall Smith, era poeta y ensayista, y Alys había terminado sus estudios en el prestigioso Bryn Mawr College. Los Pearsall Smith, por razones de vecindad, hicieron amistad con un tío de Bertrand Russell y con Russell mismo, que pasaba unos días en su casa.

En sus memorias, Bertrand Russell cuenta cómo conoció a Alys, y describe así su impresión: «Estaba más emancipada que todas las jóvenes que conociera hasta entonces, porque estaba en un colegio y cruzaba el Atlántico sola, y, según descubrí muy pronto, era íntima amiga de Walt Whitman. Me preguntó si había leído alguna vez cierto libro alemán titulado *Ekkehard,* y ocurrió que lo había terminado de leer aquella misma mañana. Aquello era suerte. Se mostró muy amable e hizo que no me sintiera tímido. Me enamoré de ella desde el primer instante».

Efectivamente, Walt Whitman era amigo de su familia y Alys, cuando tenía quince años, cruzaba el río Delaware, en Candem, para llamar a la casa de madera del poeta, anciano y paralítico. «Por cierto —me contaba Alys Russell— que nuestra amistad con Whitman era tan criticada por la buena sociedad puritana que nuestras amistades se negaban a visitarnos cuando él pasaba unos días con nosotros. En el conservadurismo literario americano no había lugar para las apasionadas expresiones de Walt».

En casa de los Pearsall Smith conoció Bertrand Russell a Sydney Webb. Sydney y su mujer Beatrice pusieron a Russell en contacto con los Fabianos, que influyeron decisivamente en el socialismo británico.

«Cuando pensamos en los gigantes intelectuales, que fueron los líderes del pensamiento en nuestro siglo —escribe Alys Russell—, pensamos en ellos como gente famosa, con muchos títulos después de sus nombres y cargados de honores. Dos de ellos recibieron el O. M., máximo honor británico; dos están enterrados en Westminster Abbey. Pero yo les conocí cuando eran jóvenes y pobres y desconocidos, cuando no tenían un lugar en la sociedad, ni privilegios, ni riquezas. Recuerdo a uno como un oficinista, a otro como un maestro de escuela y a otro como un irlandés, crítico musical, ganando treinta chelines a la semana: tales eran Sydney Webb, Graham Wallas y Bernard Shaw cuando yo los conocí por vez primera».

Bernard Shaw, rico y extravagante, genial y divertido, muere poco antes que Alys Russell. Cerca de la muerte escribe a Alys y le dice: «Yo nunca creí que el complicado Bertie pudiera entender a la sencilla muchacha americana que hay en ti».

Alys resiste todavía. Espera algo más. Y llega la suma recompensa. El Premio Nobel para Bertrand. Y me llega en una carta el grito alegre de la anciana de Chelsea: «El Premio Nobel para Bertrand. ¿No es maravilloso?».

A mi regreso a España, a finales de septiembre, había mantenido una atractiva correspondencia con Alys Russell. La última carta es del 6 de enero de 1951. En ella me habla de la *wonderful reception* que Bertrand Russell había tenido en Estocolmo y me anuncia el envío de fotografías «no muy buenas», dice, de la recepción.

Nunca las recibí. Sólo llegó una carta de una amiga de Crosby Hall en la que me daba la noticia de la muerte de Mrs. Alys Russell.

Un acontecimiento importante añadió un capítulo a mi interés por la política. Iba a celebrarse en Londres, por primera vez después de la guerra, un encuentro organizado por Europa Unida, en el que participarían Churchill, Spaak y Salvador de Madariaga.

El acto tuvo lugar en el Albert Hall y fui con unos amigos ingleses que me invitaron. La figura de Churchill había llegado a nosotros, los que éramos anglófilos en la Segunda Guerra Mundial, a través de la BBC. Por otra parte, la presencia de Salvador de Madariaga me conmovió especialmente.

*

En 1950, en España y en la Facultad de Letras, yo no había oído hablar de Bertrand Russell, pero tampoco había oído hablar de Wimbledon ni del famoso campeonato de tenis. El deporte en general no me importaba mucho. Los chicos jugaban al fútbol y supongo que vivían con interés el curso de la temporada futbolística, lo mismo que el Tour de Francia, o la Vuelta Ciclista a España. Por otra parte, no había muchas ocasiones de practicar otros deportes. Sólo años después, con la llegada de la televisión, los programas deportivos de todo tipo se hicieron muy populares. Lo cierto es que yo no sabía nada de Wimbledon cuando los padres de Michael me invitaron a asistir al campeonato anual. El espectáculo me interesó en su conjunto. Me fijaba en la gente tanto como en los tenistas. El público formaba una masa de rosas, azules, amarillos, los colores pastel de los trajes. Las cabezas se movían rítmicamente de derecha a izquierda siguiendo los movimientos de la pelota. Años después conocí en Madrid a Lilí Álvarez, nuestra gran tenista, y le conté la anécdota. Comprendió perfectamente mi ignorancia de entonces.

Al poco tiempo de vivir en Londres tenía ya muchos amigos. Jóvenes estudiantes que había ido conociendo a través de distintos contactos. Algunos vivían en Hampstead, un barrio en el que había muchos artistas bohemios, a otros los conocí a través de Wanda. A otros, interesados por España, a través del Instituto Español.

Tasio, mi hermano, estaba en París aquel verano. Estaba terminando las carreras de Derecho y Económicas y deseando, como yo, salir de España. En París hacía pequeños trabajos de estudiante. Le busqué en Londres un alojamiento adecuado en un centro recomendado por mis amigos y se vino una semana a visitarme. Lo pasamos muy bien juntos y me contó muchas cosas de aquel París que yo había entrevisto.

Cuando dejé Londres en septiembre, pasé con él unos días que remataron brillantemente mi primera salida a esa Europa que tanto me atraía.

Al regresar a España, me sentía diferente. Desbordada por las sensaciones acumuladas, la sorpresa de los descubrimientos, la variedad de personas conocidas, las actividades culturales, conferencias, conciertos, cine, teatro. Por ejemplo, allí asistí al estreno teatral de *Un tranvía llamado deseo,* con Vivian Leigh de protagonista.

Londres había sido una experiencia estimulante. Una ciudad vigorosa, cargada de energía a pesar de los muertos, de la guerra, de las heridas sin cicatrizar y los edificios destruidos. A pesar de los nueve meses de bombardeos ininterrumpidos.

España estaba igual. La frontera de Hendaya daba paso a un país adormilado que apenas intentaba despertar. Parecía que nadie deseaba percibir con claridad la amplitud de la penuria material, psicológica, moral y cultural de nuestra posguerra.

Madrid, octubre de 1950. Había que seguir adelante. Con los cursos de doctorado aprobados antes de mi viaje, ahora sólo quedaba escribir con calma la tesis doctoral.

Hablé con el profesor García Hoz, muy joven entonces y el único catedrático que teníamos en la especialidad. Nuestro curso había sido su primer curso como catedrático. Le conté mi intención de hacer la tesis sobre el arte del niño y le llevé los libros conseguidos en Londres. Se entusiasmó y aceptó dirigírmela. Una vez firmada en la Facultad, me presenté a una beca del CSIC (doscientas cincuenta pesetas al mes, muy poco hasta para la época).

Tenía que ir todas las tardes y colaborar en trabajos del Instituto de Pedagogía San José de Calasanz, además de «investigar» en la biblioteca sobre mi tesis. No encontré nada sobre el tema. Sólo había algunos libros sobre el dibujo infantil y los trabajos manuales con una intención didáctica y subordinada a otras metas pedagógicas: la perfección en el trazo, la exactitud, la maestría. Todo muy encorsetado.

Lo que sí fue una grata sorpresa fue descubrir en un cajón de la mesa de la biblioteca en que yo trabajaba una lista inesperada: la relación de los títulos y autores que se habían seleccionado durante la República para enviar a las escuelas. Reconocí muchos títulos de libros que yo había leído en la escuela de mi madre antes del 36. Mi asombro fue total. ¿De dónde había salido aquella relación impresa? Enseguida me di cuenta de que estaba allí por un descuido. Nadie se había preocupado de aquel papel cuando se había hecho el traslado al Instituto San José de Calasanz del material del Museo Pedagógico de la República, adecuadamente censurado. Quizá la lista se deslizó de forma inopinada en algún libro o pasó inadvertida a un distraído censor.

Meses después, y también de un modo casual, cayó en mis manos un libro, *Memorias de las*

Misiones Pedagógicas, del que extraje notas, fragmentos, listas de pueblos adonde habían viajado los misioneros de la República.

No me atreví a llevármelo a casa aunque estaba sin clasificar ni fichar en un armario-librería poco organizado. Entonces no existían fotocopiadoras, o al menos no existían a mi alcance, así que me limité a copiar lo que más me interesaba.

Aquel libro fue un verdadero tesoro y me hizo soñar con lo maravilloso que sería poner en marcha un plan de Misiones Pedagógicas en algunos de los pueblos aislados de los que hablaba el libro.

A lo largo del 51 trabajé intensamente en la tesis reuniendo muestras de arte infantil, recogidas en sesiones con pequeños grupos de niños a los que yo ponía a pintar en libertad, utilizando temples, ceras, papel de distintas clases y texturas, desde el papel de embalar hasta el papel de periódico, y utilizando hojas de distintos colores.

También modelaban con arcilla. Mi trabajo progresaba. Estaba comprobando con alegría que los resultados obtenidos eran los esperados, los que había contemplado en la exposición de Londres y en los libros que de allí me había traído.

Me parecía milagroso que niños de diferentes edades que nunca habían pintado antes reaccionaran brillantemente en un clima de libertad y estimulación indirecta de su imaginación visual. Por medio de la música, o de poemas, o invitándoles a pensar con los ojos cerrados en una escena, en un lugar sugerente, el mar, la ciudad, el campo, los personajes o las situaciones de un cuento, etcétera, los niños eran capaces de conseguir resultados estéticos espléndidos. Creaciones inesperadas, llenas de vida y de color. Y lo hacían disfrutando intensamente con la actividad.

Yo tomaba notas sin cesar, a la vez que organizaba los capítulos teóricos de la tesis y rebuscaba en las bibliotecas de los centros extranjeros libros sobre mi tema.

El plan en cuanto a la parte educativa de mi vida profesional estaba en marcha.

El Consejo, la tesis por la tarde y, por la mañana, el trabajo con un grupo de niños con problemas de lenguaje y audición que me proporcionó el doctor Germain. Era un pequeño centro que una magnífica maestra, Rosalía Prado, había instalado en su propio y amplio piso de la calle de Alcalá.

Con Rosalía aprendí muchísimo. Era una mujer muy interesante que, como mi madre, había vivido la experiencia pedagógica republicana en Madrid. Su preparación y su entrega a la educación fueron un gran estímulo para mí. Por otra parte, tratar con niños que tienen algún problema —en este caso de lenguaje— es una práctica inapreciable antes de iniciar un trabajo con niños sin problemas.

Paralelamente, y después del descubrimiento del libro sobre las Misiones Pedagógicas de la República, empecé a animar a algunos compañeros de la Facultad a poner en marcha de nuevo una versión reducida de aquellas «misiones». El proyecto me fascinaba porque respondía a la pasión renovadora de los intelectuales de la República. Junto con La Barraca de García Lorca, había llevado luz y alegría a los pueblos perdidos de aquella España rural y atrasada de los años treinta.

Una vez más acudimos al único interlocutor posible: Víctor García Hoz, que precisamente dirigía el Instituto de Pedagogía San José de Calasanz.

Y una vez más él nos atendió y nos comprendió. Le hablé de las notas tomadas del libro de las Misiones Pedagógicas, que por cierto había desaparecido del lugar donde yo lo había descubierto, y se interesó por el proyecto.

Elegimos pueblos que habían visitado las misiones de la República y tratamos de seguir el programa de actividades que ellos habían elaborado: poesía, música, teatro.

Uno de los compañeros interesados en participar se encargó de construir un teatrito de guiñol para las sesiones infantiles.

Yo pedí prestado a la Casa Americana un proyector de cine de 16 milímetros y una serie de documentales cinematográficos de distintos temas interesantes. Los pueblos elegidos estaban lejos de la civilización y no tenían luz eléctrica, así que conseguimos un grupo electrógeno que había que transportar hasta el pueblo. También llevábamos carteles de turismo que era el único material a nuestro alcance para mostrar paisajes y monumentos.

Nuestro profesor nos «prestó» su coche oficial —que era el único que había para servicio del

Instituto y de su director— con su chófer. El grupo era pequeño, dos chicas y dos chicos fijos y algún invitado especial que tuviera interés en ir: un médico para hablar de medicina e higiene, un escritor, un actor, etcétera.

En los dos años que duró nuestro empeño, el 51 y 52, tuvimos experiencias inolvidables. Empezamos por provincias cercanas a Madrid y con pueblos especialmente atrasados, y luego nos fuimos hasta Andalucía.

El contacto con aquellas gentes era impresionante. Daban muestras de una sensibilidad natural insospechada cuando les recitábamos poesías. El silencio era total y a veces hacían comentarios conmovedores. En el comienzo de los cincuenta, aquellos pueblos aislados, muchos de ellos con las huellas de la guerra civil todavía vivas, con maestros heroicos que cumplían su trabajo sin la menor comodidad, nos daban testimonio real de nuestro país. Todas nuestras carencias, nuestras quejas por la situación política y social que vivíamos, nos parecieron especialmente graves ante las condiciones de vida en aquellos núcleos de población alejados de la carretera a los que llegábamos andando, ayudados con caballerías para nuestros equipos. Pueblos que carecían hasta de agua suficiente para las personas y los animales.

La mayoría de aquellos habitantes de zonas desérticas unas, escondidas entre montañas otras, no habían visto el cine ni la luz eléctrica, pero fueron de lo más hospitalario y generoso con nosotros. Al comenzar, yo decía unas palabras inspiradas en las de los antiguos misioneros. Un mensaje de solidaridad humana y cultural.

Después, a primera hora de la tarde, había una sesión infantil al aire libre, si el día era bueno, o en la escuela, la iglesia o el lugar que pudieran prestarnos, si el tiempo era malo. Contábamos cuentos, hacíamos sesiones de guiñol y cine para niños, cantábamos con ellos. Previamente, desde el Instituto de Pedagogía habían avisado de nuestra visita a la Inspección de la provincia y ellos lo habían anunciado a los pueblos elegidos.

De todos modos, era difícil que entendieran nuestro propósito. En un principio temían que fuéramos a cobrarles un dinero y en unos pueblos nos tomaban por titiriteros y, en otros, por enviados del Gobierno para anunciarles un impuesto.

Nos alojaban en sus casas con un sentido de la hospitalidad extraordinario. Y se mostraban atentos y felices durante toda la misión. Les contábamos historias, les dábamos noticias del mundo, les hacíamos oír música de otras regiones y países con nuestro tocadiscos primitivo. El cine de adultos se reducía a documentales educativos sobre sanidad, países lejanos y exóticos, fauna y flora. Estos documentales, en español, nos los prestaba la Casa Americana. Procedían de programas educativos que habían hecho en Estados Unidos para los países latinoamericanos.

Una gran mayoría veía el cine por primera vez. A veces había anécdotas inesperadas. En una ocasión, un viejo, al ver un documental sobre México, exclamó: «¡Ahí he estado yo!». Un emigrante regresado tras unos años de trabajo poco gratificante.

Las misiones duraban cinco o seis días en la misma zona y hacíamos tres o cuatro en el curso.

El Consejo nos pagaba la gasolina del coche y el chófer. En los pueblos nos daban de comer. El resto de los gastos, una comida de camino, una emergencia, eran cosa nuestra.

Regresábamos a la ciudad más cercana repletos de sensaciones nuevas y con un sentimiento de rebeldía e indignación ante el subdesarrollo y la miseria que habíamos presenciado. Falta de asistencia médica regular, ausencia de los más elementales objetos de uso diario, alimentaciones arbitrarias e incompletas. Y todo ello soportado por unas gentes generosas, resignadas y alegres que nos agradecían expresivos y cordiales el tiempo y el esfuerzo que les dedicábamos. Pasábamos dos días en cada pueblo y nos dirigíamos a otros de la misma región que a veces estaban lejos o tenían un difícil acceso.

Más adelante, cuando nos casamos, Ignacio se incorporó a nuestro grupo y también Alfonso Sastre vino en algunas ocasiones.

Un día nos llegó la noticia de que aquel sueño había terminado.

Las Cátedras Ambulantes de la Sección Femenina, que recorrían España con un propósito educativo centrado sobre todo en la mujer (clases de costura, cocina, gimnasia, folclore), absorbieron nuestro modesto y nostálgico propósito.

*

Ya antes de mi viaje a Londres solía ir al café Gijón con mis amigas Pilar, Marité y Palmira. En aquel tiempo, tener un lugar de encuentro era esencial. El café era un foro abierto a primera hora de la tarde. Escritores, pintores, actores, dramaturgos, coincidían en las distintas mesas. Buero Vallejo, Cela, los pintores de la Escuela de Madrid, Eduardo Vicente, Juan Esplandiú, el escultor Cristino Mallo. Y jóvenes de Madrid o recién llegados de provincias en busca de un lugar más abierto. En las mesas se hablaba con relativa libertad de todo lo divino y lo humano. A veces aparecía algún extranjero en busca del ambiente madrileño. El café no era una cita obligada. Era una opción libre y agradable. Saber que allí esperaban o llegaban personas conocidas o amigas buscando interlocutor. Si se llegaba solo siempre se encontraba a alguien conocido a cuya mesa sentarse e iniciar el diálogo. Se charlaba, se discutía acaloradamente, se intercambiaban informaciones de todo tipo, se rumoreaba, se criticaba, se proyectaba, se soñaba.

En la atmósfera reprimida de la posguerra, los cafés y las tabernas eran reductos de libertad de expresión cuya única limitación era la confianza personal en los asistentes a las tertulias o los visitantes de paso que llegaban apadrinados por algún habitual. Desde el Gijón, a veces, íbamos las amigas con Eduardo Vicente, buen amigo nuestro, hasta su casa-estudio en la Colonia Residencia donde vivía con su mujer, María Fernanda, y su hija.

En septiembre, recién llegada de Londres, me encontré con mis compañeros de la Facultad en el café Gijón. Con ellos estaba Ignacio Aldecoa, aquel chico a quien yo había entrevisto vagabundeando por la Facultad y muchas más veces en el bar, de charla con los alumnos de Medicina que solían acercarse a nuestro territorio porque en Medicina apenas había chicas.

Alguien me dijo que era vasco, que se llamaba Ignacio Aldecoa, que venía de Salamanca, donde había hecho los cursos Comunes, y que se había matriculado en Historia de América, una especialidad nueva, que al parecer le había defraudado.

Ignacio estaba sentado al fondo, en un diván bajo un espejo que había entonces, y me lo presentaron mis amigos, Rafael Sánchez Ferlosio, Alfonso Sastre, José María de Quinto y Carlos José Costas.

Desde el primer día nos dedicamos el uno al otro. Londres fue el primer tema general de conversación. Luego nos dirigimos hacia la segunda parte de la tarde. Libres y desocupados, al salir del Gijón empezamos a andar por la calle Prim para iniciar el recorrido de las tabernas y bares que florecían cruzando Barquillo, por las calles de Augusto Figueroa y limítrofes.

En alguno de aquellos «establecimientos» empezó mi diálogo con Ignacio, un diálogo que ya, desde ese primer día, fue una discusión interminable. Una discusión en la que cada uno quería tener razón y que casi siempre versaba sobre literatura. Una discusión, un diálogo apasionado que duró desde ese día hasta el 15 de noviembre de 1969, el día más terrible de mi vida.

*

Ignacio había llegado a Madrid en 1944. Venía de Salamanca, donde había hecho los Comunes en la Facultad de Filosofía y Letras. Allí había sido compañero de Carmen Martín Gaite, que apareció en Madrid años después y fue incorporada al grupo de amigos por Ignacio.

Nuestros encuentros en grupo de aquel invierno del 50 siguieron ininterrumpidamente hasta el verano del 51, momento en el que Ignacio y Alfonso se fueron a Mallorca invitados por un amigo mallorquín y poeta.

Fascinada por las historias de Ignacio, sentí la necesidad de conocer el País Vasco y organicé una larga excursión con mi madre y mi hermana. Recorriendo la costa desde San Sebastián llegamos a Lekeitio, donde nos quedamos una semana. Me impresionó la belleza y la fuerza de la tierra, la personalidad de sus habitantes. Recordaba *Las inquietudes de Shanti Andía* de Baroja, que tanto le gustaba a Ignacio y que se desarrollaba en el hermoso pueblo marinero.

Por primera vez oí hablar en euskera. Sólo conocía algunas canciones melancólicas que Ignacio me había enseñado y algunas teorías acerca de esta lengua que a él le intrigaba y cuyos orígenes le interesaban.

Al llegar las Navidades de ese mismo año, consolidado nuestro «noviazgo», Ignacio me invitó a visitar a su familia en Vitoria.

Pasé con ellos el Año Nuevo, instalada en la casa Aldecoa, de Postas 42, un edificio de dos pisos, hoy desaparecido. En la planta baja estaba instalada la tienda de pintura fundada por el abuelo Laureano Aldecoa. Había retablos convertidos en armarios, recubiertos de pan de oro y mesas barrocas. En el taller se hacían restauraciones de cuadros, escenografías de teatro, etcétera.

Un jardín interior y una escalera daban acceso a un estudio donde habían trabajado el abuelo Laureano y el tío Adrián, pintor reconocido de la escuela vasca que había muerto hacía años y a quien Ignacio admiraba y quería mucho.

El estudio era un lugar muy literario, lleno de cuadros, muebles y objetos acumulados con el paso del tiempo. Allí se reunían a principios del siglo XX los pintores amigos de los hermanos Aldecoa: Gustavo de Maeztu y Díaz Olano, entre otros.

Pintaban, tenían sus tertulias. Era un lugar vivo con un aire de *atelier* parisino donde se recordaba, se charlaba, se discutía. Simón Aldecoa, el padre de Ignacio, y el tío Adrián habían pasado años de su juventud en París y Bruselas, antes de la Primera Guerra Mundial.

Aquel mundo bohemio y parisino alimentaba los sueños de Ignacio. París fue para él, ya desde la adolescencia, una fiesta. Conservaba fotos de los amigos de su padre y las cartas que le escribían desde el frente de batalla durante la Primera Gran Guerra. Por otra parte estaba la raíz vasca. Con sus abuelas Ignacia y María, revivió Ignacio las guerras carlistas que ellas le narraban.

La familia Aldecoa —los padres de Ignacio y su única hermana Teresa, dos años más joven que él— me recibió con gran cordialidad. Desde el primer momento, hasta el día de hoy en que sólo quedan los tres hijos de Teresa, me sentí a gusto con ellos, aceptada y querida y vinculada por lazos afectivos que más tarde, con el nacimiento de nuestra hija Susana, se convirtieron para siempre en lazos de sangre indestructibles.

En marzo de 1952, Ignacio y yo nos casamos en la ermita de San Antonio de la Florida, situada enfrente de la casa de mis padres y muy cerca del lugar en que íbamos a vivir, uno de los primeros bloques de apartamentos que empezaban a aparecer en Madrid. La nuestra fue una boda nada convencional, sin invitados ni traje blanco, ni banquete, ni viaje de novios. Tomamos unas copas en nuestro apartamento con los amigos y nuestros padres y hermanos. Y eso fue todo.

Aquel nuevo hogar tenía dos amplios salones con ventanas al río Manzanares. En uno de ellos había una pequeña cocina empotrada y oculta por un hermoso escaño de caserío vasco procedente del estudio de la casa Aldecoa vitoriana. Bajo la ventana instalamos nuestro primer mueble, una espléndida mesa antigua de nogal que compramos en el Rastro. Esa mesa en la que escribió Ignacio todos sus cuentos y novelas, me ha seguido hasta mi casa cántabra, y a una casita en el jardín que se ha convertido en mi lugar de trabajo. En ella están también todos los libros que Ignacio aportó al apartamento de la Florida. Libros acumulados desde la adolescencia, ediciones antiguas encontradas en los más variados rincones, y muchos de sus cuadros y objetos queridos.

En el otro salón instalamos un estudio dormitorio, también con libros y un tablero alargado para mis trabajos, bajo la ventana.

Desde el principio nuestra casa fue la casa de nuestros amigos. Éramos los primeros que teníamos un lugar propio. Además de frecuentar los cafés y las tabernas, nos reuníamos en aquellas dos habitaciones amplias y alegres y estábamos charlando, bebiendo y discutiendo hasta altas horas de la madrugada.

Éramos jóvenes, teníamos tiempo libre y, todavía, escasas ataduras. Aquel barrio, el río, Casa Mingo, la verbena de San Antonio de la Florida que se celebraba en la glorieta de la ermita, todo permanece en mi memoria grabado con el fuego del recuerdo.

Es verdad que «la música barata nos recuerda cosas caras».

Alguien, en aquella época juvenil, lo dijo. No sé si la frase era original o evocaba el recuerdo de algo oído o leído. Pero me parece absolutamente acertada. El tango fue la música de fondo de nuestra primera juventud.

Luego llegaron las canciones protesta. Los discos de Atahualpa Yupanqui que trajo Tasio de París y que escuchábamos con pasión en las tardes-noches de nuestro refugio junto al río. Aquella que dice:

Que Dios vela por los pobres
Tal vez sí y tal vez no
Pero es seguro que almuerza
En la mesa del patrón...

O aquella otra:

El yanki vive en palacio
Yo vivo en un barracón
Cómo es posible que viva
El yanqui mejor que yo...

Tangos y canciones de aquellos años que siguen despertando en mí sentimientos nunca dormidos.

En el otoño del 52 hicimos un viaje a París. Mi hermano estaba allí desde hacía algún tiempo.

Había terminado sus carreras y se había tomado un año sabático de vida de estudiante y práctica del francés. Fue un viaje maravilloso. Nos instalamos con Tasio en el hotel Beau Séjour en la plaza de la Contrescarpe. El hotel era muy parisino y muy bohemio. En esta pequeña plaza vivió Hemingway como leímos, años después, en *París era una fiesta*.

«Teníamos que cerrar las ventanas de noche por la lluvia y el viento que arrancaba las hojas de los árboles de la plaza Contrescarpe...», escribió en aquel libro.

El ambiente no podía ser más atractivo. París, el lugar de nuestros sueños, el existencialismo, el Barrio Latino, el Café de Flore, el cine sin censura, los libros libres, la patria de la libertad.

Tasio salía cada mañana vestido de riguroso «negro existencialista» a hacer de guía para hispanoparlantes en el Museo Grevin.

Era una de las varias ocupaciones que conseguían los estudiantes extranjeros y sin dinero. Nosotros callejeábamos hasta el agotamiento, calles, museos, librerías. Por la tarde íbamos al cine.

Ignacio sabía muy bien lo que quería descubrir en París. Por ejemplo, la estatua de Balzac, de Rodin, y el museo del escultor; o el cementerio del Pére Lachaise donde localizábamos las tumbas de los escritores.

París fue una fiesta en aquel primer viaje juntos. La primera vez que nos sentimos, y ya para siempre, ciudadanos del mundo.

Al regresar a Madrid, volvimos a nuestros trabajos. Ignacio escribía cuentos y los publicaba en las pocas revistas que había, las universitarias y algunas nuevas como *La Estafeta Literaria, El Correo Literario, Índice, Ínsula*.

Ignacio escribía los cuentos de un tirón cuando los tenía «vistos» e imaginados en todos sus detalles. El cuento le salía a borbotones, a golpes. Se ponía a escribirlo sólo si tenía muy claro el proceso completo.

Entonces me llamaba y me lo leía. Y, muchas veces, llorábamos los dos, tal era la intensidad emocional de la narración. Podría hacer una antología de los cuentos llorados. ¡Qué jóvenes éramos!

*

La pertenencia, desde el punto de vista cronológico, a un conjunto de españoles que fueron niños en la guerra, adolescentes en la posguerra y profesionales adultos al comienzo de los cincuenta, dio nombre a una generación de escritores. Los estudiosos se han ocupado de analizar las obras literarias de los cincuenta y de buscarles un lugar, con mayor o menor fortuna, en los sagrados anaqueles de la historia de la literatura.

Históricamente, es frecuente la irrupción de un grupo de jóvenes en mundos que tienen relación con la creación artística: pintores, escritores, músicos, cineastas. Y más cuando los ambientes que rodean a quienes inician estas profesiones hacen difícil encontrar un hueco generacional en el propio país.

La aparición en el mundo literario de los jóvenes escritores de los cincuenta se produjo, en Madrid, en grupo. Del mismo modo, en Barcelona, un grupo amplio de jóvenes escritores, la mayoría poetas, iniciaba su andadura literaria en aquellos años. Carme Riera los ha estudiado brillantemente.

Situaciones históricas como la de nuestra posguerra favorecen las reuniones en lugares, abiertos a todos y a la vez neutros, que adquieren un carácter de refugio y propician la creación de grupos de amigos con intereses comunes que necesitan verse y encontrarse constantemente. Ése es el caso de los cafés —«catacumbas» los llamaba Buero Vallejo—. Todo ello tiene relación con la atmósfera claustrofóbica del país y la ciudad en la que se está viviendo.

Por una parte la universidad, decepcionante como fue, y por otra parte la frecuentación de «guetos» culturales, reuniones en casas, trastiendas de librerías, etcétera, favoreció, en la gente de mi generación, una amistad basada en la simpatía mutua, el afecto y las experiencias comunes. La endogamia es el resultado de estas etapas históricas excepcionales, cerradas, crípticas. En nuestro grupo hubo parejas, Rafael Sánchez Ferlosio y Carmen Martín Gaite, José María de Quinto y María Luisa Romero e Ignacio y yo.

«Partidarios de la felicidad» es una definición perfecta para todos los que en Barcelona y Madrid, y en núcleos más reducidos de otras ciudades españolas, trataban de escribir en un momento difícil de nuestra historia.

Soñábamos con paraísos lejanos, experiencias vitales generosas e inéditas. Necesitábamos, angustiosamente, la libertad.

Siempre he creído, y eso lo analizábamos muchas veces Ignacio y yo y con frecuencia con los amigos, que fue la amistad, el deseo de encontrar un camino individual, lo que nos unía día a día en aquellos primeros cincuenta, lo que nos exaltaba entre las copas y los enamoramientos y las lecturas de los libros difíciles de encontrar que nos pasábamos unos a otros. Los descubrimientos de un mundo muy lejano y, sobre todo, la conciencia del propio mundo, de la vida española limitada y mediocre. Con profunda melancolía recuerdo aquellos años.

Pocas veces se podrían aplicar a alguien con más oportunidad los hermosos versos de Antonio Machado dedicados a Alejandro Sawa:

Nadie más nacido para el placer
fue al dolor más derecho...

como a los jóvenes escritores de los cincuenta.

El deseo de vivir intensamente y la lucidez temprana para percibir el país como una prisión de la sensibilidad y la inteligencia llevó a muchos de estos jóvenes escritores a una autodestrucción derivada de las limitaciones, de la mediocridad y la mezquindad de una sociedad que se desarrollaba entre la avidez de dinero de unos pocos y la desesperación en la lucha por la vida de la mayoría. De ahí la elección, por parte de muchos escritores de los cincuenta, de unos personajes «humillados y ofendidos» que sobrevivían con desesperación en la España oscura del medio siglo XX.

Literatura social, literatura realista, literatura «de la berza», como quiera que al ir pasando el tiempo se calificara a estos escritores, lo cierto es que pocas veces un condicionamiento histórico ha propiciado unos resultados literarios más auténticos y comprometidos con la realidad. Y paralelamente, pocas veces se ha producido una destrucción temprana más amplia entre los creadores como aquella de los que vivieron su juventud en los años cincuenta y sesenta.

Antonio Rodríguez Moñino, bibliófilo excepcional, persona extraordinariamente culta, vio clara la irrupción de aquel grupo de jóvenes que de algún modo tomaría el relevo, absolutamente natural por razones cronológicas, de la literatura de creación en Madrid. Llamó un día a Ignacio Aldecoa, a Alfonso Sastre y a Rafael Sánchez Ferlosio y les propuso que se hicieran cargo de una revista de literatura en la que se publicarían cuentos, artículos, poemas, críticas, todo ello de jóvenes.

La idea fue acogida con entusiasmo y, en 1953, salió a la calle el primer número de *Revista Española* con un formato parecido al de la *Revista de Occidente*.

Cuando estaba a punto el primer número de la revista, llegó a nuestra casa una carta no por esperada menos inquietante: la llamada del ejército al ciudadano Aldecoa para cumplir «sus deberes con la Patria». Ignacio había hecho una parte de su milicia universitaria en los primeros cursos de la Facultad, solución que elegían por entonces la mayoría de los estudiantes con objeto de compaginar estudios y servicio militar. Como no había terminado la carrera —definitivamente rechazada hacía tiempo—, se veía obligado a hacer unos meses, creo que seis —como sargento y no como alférez, que era la categoría que alcanzaban los que se graduaban—. Así que, al poco tiempo de casarnos, nos dispusimos a sufrir la primera separación. Ignacio se dirigió a Salamanca, lugar adonde había sido destinado para cumplir el tiempo de servicio militar que le quedaba. Cuando salió definitivamente el primer número de *Revista Española* decidimos los amigos ir a Salamanca para bautizarla. A la excursión se apuntaron Rafael Sánchez Ferlosio, Alfonso Sastre, José María de Quinto y yo.

Era verano y bautizamos la revista en el Tormes. De ese «acto» quedó constancia en la página uno del primer ejemplar de ese primer número. Un largo testimonio que escribió Rafael en el momento y a mano con verdadera gracia y humor, firmado por todos los asistentes.

En Salamanca coincidimos casualmente con José María Valverde, que estaba en un café de la Plaza Mayor con el poeta inglés Roy Campbell a quien nos presentó. Creo que participaban en algún curso o actividad cultural del verano universitario salmantino.

Roy Campbell fue el poeta de la coronación de la reina Isabel de Inglaterra y uno de los pocos intelectuales ingleses que había aceptado la victoria de Franco.

Los tres días que pasamos en Salamanca fueron una permanente fiesta. Supongo que Ignacio tendría horas libres o permiso por visita de su mujer, no lo recuerdo. Nos había buscado habitaciones en una pensión deliciosa donde él había vivido en sus años de estudiante y donde la dueña, prudente y respetuosa, no dejaba salir al comedor a una animadora de un cabaret que estaba allí alojada siempre que estuviésemos nosotras, Rosa, una amiga italiana, y yo, que creo que éramos las supuestamente respetadas.

Revista Española publicó sólo seis números. Los seis juntos constituían un ejemplar de 636 páginas (la numeración de cada número era la continuación del anterior). Despertó el interés de los aficionados a la literatura y dio a conocer al grupo de prosistas madrileños que empezaban.* En el número uno Ferlosio tradujo una historia de Zavatini. En el número dos yo publiqué la traducción de «Maese Miserias», un cuento de Truman Capote, joven escritor desconocido en España.

Y en el número cuatro apareció el cuento de Dylan Thomas «Los melocotones», traducido por Joaquín González Muelas.

*

En aquella época solíamos hacer, con los amigos, cortas excursiones a pueblos cercanos a Madrid, en trenes de cercanías que nos dejaban en una estación desde la cual muchas veces andábamos un buen rato en busca del pueblo elegido. La elección tenía que ver con lecturas de algún escritor que hablaba de un paisaje concreto o de algún otro escritor viajero que descubría rincones sorprendentes.

Un día hicimos una excursión a Maqueda. Paseamos por los alrededores y en las afueras del pueblo, en una colina, descubrimos un castillo que destacaba sobre un cielo intensamente azul. Subimos hasta lo alto y nos encontramos con un guardia civil en la puerta. Dentro de las murallas, en el patio, habían construido la casa cuartel de los guardias. Nos dejaron entrar fácilmente y nos dimos un paseo alrededor de la construcción. Nos sorprendió observar que las ventanas de la casa da-

---

* Por orden alfabético: Ignacio Aldecoa, Juan Benet, Jesús Fernández Santos, Medardo Fraile, Carmen Martín Gaite, Carlos Edmundo de Ory, Josefina Rodríguez, Rafael Sánchez Ferlosio, Alfonso Sastre.

ban a las murallas y no se veía el hermoso paisaje que se extendía abajo y a lo lejos, desde la altura de la colina.

Charlamos con algunas mujeres de los guardias que parecían deseosas de comunicarse con el mundo exterior, enclaustradas como estaban dentro de las murallas del castillo, en lo alto de aquella colina vigilante. La sensación de extranjería se reveló en el comentario que algunas de ellas hicieron. En el pueblo, al parecer, las miraban con cierto recelo. Sus hijos, en la escuela, sufrían discriminación por parte de los niños. Nos pareció la consecuencia de la guerra, el recelo ante la forzada convivencia con desconocidos, a veces refugiados que venían de otros pueblos. El sentimiento de desconfianza se acentuaba si los «extranjeros» eran a la vez guardias, guardianes de la posguerra.

Creo que aquella excursión por Castilla nos impresionó a todos. En el caso de Ignacio fue el origen de su primera novela, *El fulgor y la sangre*, la primera de una trilogía que iba a continuar en otra novela, *Con el viento solano*, y en cuya tercera parte trabajaba muchos años después, cuando le sorprendió la muerte. La trilogía estaba concebida con un título subyacente, *La España inmóvil*, y trataba de ser el reflejo de tres tópicos españoles: la Guardia Civil, los toreros y los gitanos.

En 1952 yo había empezado a escribir una novela, *La casa gris*, inspirada en mi reciente experiencia londinense. La atmósfera de Crosby Hall y la ciudad de fondo me inspiraron una historia entre la realidad y la ficción que tenía como protagonistas a seis mujeres. Cuando la terminé decidí enviarla al Premio Nadal, que se fallaba en enero de 1953. Quedó entre las seleccionadas (creo que la séptima).

Esa primera experiencia me dejó desolada. En mi absoluta ingenuidad creía que una novela «cosmopolita» iba a tener posibilidades en aquel pobre panorama vital que disfrutábamos en España. Comprendí mi error de cálculo cuando vi que entre los finalistas también había nombres que yo entonces conocía y valoraba.

El pasajero disgusto quedó compensado con una realidad maravillosa. El anuncio de un embarazo que nos llenó de alegría.

Cuando supe que estaba embarazada fui consciente de que todo iba a cambiar en mi vida. La espera fue relajada, serena, cómoda. No recuerdo ni un solo día malo físicamente y todos fueron espléndidos anímicamente.

«Voy a tener un hijo», me decía en masculino, como todas las embarazadas del mundo. De todos modos, la niña ya tenía nombre, lo mismo que el supuesto niño. Él sería Diego y ella iba a ser Susana. Y fue Susana que, además, «nació de pie».

La maternidad fue una invasión arrolladora. Mi hija se había adueñado de todas y cada una de mis células. Tuve muy claro que yo me había transformado en otro ser. «Yo soy yo y mi maternidad», me decía parafraseando a mi admirado Ortega. Porque esa «ocupación» definitiva iba más allá de lo puramente físico. Ese alimento que ayudó a crecer dentro de mí a mi hija nos dejó para siempre irremediablemente unidas. El padre, el gran responsable del milagro, fue también el que «decidió» el resultado final de la gloriosa invasión. Porque cuando llegó el momento de la separación y mi hija se desprendió de mí, apareció ante mis ojos como el retrato, el diseño, la caricatura de su abuela paterna, Carmen Isasi.

Efectivamente, Susana, nuestra hija, iba a ser Susana Aldecoa no sólo en los rasgos físicos sino en todo lo que llamamos inteligencia, temperamento, sensibilidad, etcétera. Y que no es otra cosa que sistema nervioso, juego de neuronas, cerebro.

El nacimiento de Susana, en 1954, en la mitad de los cincuenta, fue un motivo más de la mitificación personal de esa década, dentro de mi biografía.

A la clínica fueron llegando los amigos que me habían despedido el día antes, cuando salí de nuestro apartamento entre copas y palabras de ánimo. Susana era el primer bebé nacido en nuestro grupo de amigos.

El 5 de octubre nació Susana. El 15 se fallaba el Premio Planeta, al cual se había presentado Ignacio con *El fulgor y la sangre*.

Los amigos esperaban con Ignacio los resultados del fallo en la radio de un bar cercano para no perturbar el sueño —supuesto— de la niña recién nacida.

Cuando en la última votación salió vencedora Ana María Matute y quedó finalista Ignacio, hubo «llanto y desencanto» entre los amigos.

El disgusto que recuerdo está tan teñido de la presencia de mi hija y tan impregnado de los descubrimientos gozosos y acongojantes de la maternidad que no podría reproducirlo. Sé que la frustración de Ignacio me preocupó y me disgustó, pero enseguida la superamos ambos.

José Manuel Lara, que estaba en Madrid aquellos días, había llamado enseguida a Ignacio para decirle que su novela saldría a la vez más o menos que la ganadora y le ofreció una cantidad modesta pero dentro de los límites habituales en la época. Una curiosa y paternal modalidad de pago —«te pagaré esta cantidad dividida en doce mensualidades para que no te la gastes enseguida», había dicho el editor— nos permitió salir rumbo a Málaga ¡en avión!, lujo exótico, para pasar una temporada en Torre del Mar, un pueblo malagueño que alguien nos recomendó.

Fue una experiencia maravillosa. Nos alojamos en la única fonda que había entonces en el pueblo, la fonda España. Éramos los únicos huéspedes en aquel invierno de 1954 tan ajeno aún a las visitas de turistas nacionales o extranjeros.

Teníamos una habitación grande con dos camas, una camilla y una mesa en la cual instaló Ignacio su máquina de escribir.

Por la mañana íbamos a pasear por la playa con la niña. Al mediodía nos pasábamos por la taberna del pueblo, siempre con la niña, tomábamos un vino andaluz con sus tapas y luego comíamos en la fonda, donde por cierto se comía muy bien.

Por la tarde, Ignacio escribía y al anochecer se iba a pasar un rato al casino con los hombres del pueblo. Pronto se hizo popular allí. La gente era cariñosa y muy hospitalaria y creo que les inspirábamos sentimientos de protección al vernos jóvenes y con una niña, lejos de casa —muy lejos entonces— y sin acabar de entender por qué estábamos allí en lugar de estar en una ciudad como Madrid.

Recuerdo una mañana, a las doce del mediodía, oyendo flamenco en la taberna, a un hombre que cantaba extraordinariamente y que nos ofrecía su arte a esas horas tan poco «propias» porque se lo dedicaba «a la señora y la niña, que la noche es muy fresca para salir».

De esa breve etapa malagueña propiciada por Lara con su cariñosa «distribución», escribió Ignacio dos cuentos: «Anthony, el inglés dicharachero» y «Pedro Sánchez, entre el cielo y el mar».

Ana María Matute, la ganadora del Planeta, era una muy querida amiga nuestra, que entonces vivía en Madrid con su marido Ramón Eugenio de Goicoechea y con su hijo Pablo, que había nacido con pocos meses de diferencia con Susana.

A Ana María la queríamos todos, pero Ana María e Ignacio fueron siempre especialmente cercanos. Los dos habían nacido bajo el signo de Leo, Ignacio el 24 y ella el 26 de julio del mismo año. Los dos respondían a los caracteres apasionados que supuestamente rige el signo.

Nuestra amistad no sufrió con los resultados del premio. Al contrario, creo que se afianzó. De algún modo, el premio no había sido una decepción definitiva, ya que había recaído en una amiga a quien considerábamos merecedora de ese y cualquier otro galardón.

Lo celebramos poco después, a nuestro regreso de Málaga, de una manera divertida que siempre recordamos Ana María y yo cuando nos encontramos. (Ella lo rememora magistralmente en el prólogo de una selección de cuentos de Ignacio, *Tierra de nadie,* publicada poco después de su muerte.)

Fue un viaje disparatado que se fraguó una tarde que tomábamos copas en nuestro apartamento del paseo de la Florida. Ignacio empezó a hablar de sus años de estudiante en Salamanca, ciudad que le entusiasmaba y, de anécdota en anécdota y ante la declaración de Ana María de que no conocía la ciudad, decidimos hacer un viaje, pero ya, en aquel instante. Había un expreso que salía a las once de la noche y teníamos tiempo de «colocar» a los bebés adecuadamente, yo sin problemas porque mis padres vivían muy cerca.

Era el segundo viaje a Salamanca que yo emprendía, un año después del glorioso bautizo de *Revista Española.*

El tren salía a las once de la noche de la cercana estación del Norte y su llegada estaba prevista para las siete de la mañana. El viaje fue pesadísimo, pero la llegada y la estancia de dos días fue muy divertida.

Paseando por la Plaza Mayor, recuerdo una anécdota curiosa. Un colaborador de un periódico local, que estaba al día en literatura y que conocía a Ignacio de su época de estudiante, se quedó asombrado de que la ganadora y el finalista de un premio como el Planeta estuvieran allí juntos y celebrando sin resentimientos la salida de sus libros.

Hay que reconocer que, entonces, con tan pocas probabilidades de publicar para un joven, un premio suponía un lanzamiento único dentro de la penuria mediática que vivíamos.

Aquella noche fuimos a un cabaret local en el que una animadora, ¿la misma del otro viaje?, cantaba una canción que nunca olvidaré: «El gran Madrid se nos quedó pequeño...».

En *Los niños de la guerra* recuerdo este viaje en el capítulo correspondiente a Ana María. Y recuerdo el cabaret salmantino, «... donde nos dieron un *pippermint frappé*. Recuerdo a Ana María con la copa entre las manos, mirando largo tiempo aquel brebaje, investigándolo por dentro, como si quisiera sumergirse, reflejarse en las ondas verdosas que el hielo movía en círculos, olvidada momentáneamente del cabaret, de la canción, de nosotros».

En 1956 nos cambiamos de casa. Susana tenía ya dos años y el pequeño apartamento del paseo de la Florida era insuficiente para los tres.

El día de la mudanza nos quedamos muy incómodos porque se habían trasladado los muebles pero no estaban todavía organizados en el nuevo piso. Así que esa noche la pasamos en blanco, en el precioso ático de unos nuevos amigos, los Alcántara, que llevaban viviendo en la casa el mismo tiempo que nosotros pero a los que conocíamos sólo como vecinos. Ignacio y Manolo, que ya había publicado algún libro de poesía, sí se habían reconocido y se saludaban muy cordiales.

Paula y yo nos encontrábamos a veces, cuando salíamos con nuestras hijas. Lola había nacido pocos meses después que Susana y coincidíamos paseando con ellas en las cercanías de la casa. Paula, generosa, alegre, cordial, se ofreció enseguida a sacar de paseo a las dos niñas las tardes que yo trabajaba en el Consejo en mi tesis.

Pero la verdadera amistad nació aquella larga noche de nuestra despedida, en aquella casa a orillas del Manzanares, mientras las niñas dormían y nosotros charlábamos de todo lo divino y lo humano entre cigarrillos y cubalibres.

Esa amistad ha permanecido intacta a lo largo del tiempo. Aunque ahora nos veamos menos, porque los Alcántara hace años que viven casi permanentemente en Málaga.

El traslado al ático de Blasco de Garay, esquina a Cea Bermúdez, fue un acierto. El piso tenía un torreón en el chaflán y una hermosa terraza. Era un piso amplio, con varias habitaciones, y en un lugar muy agradable del barrio de Argüelles.

Aquel verano del 56 Ignacio terminó la segunda novela de la trilogía, *Con el viento solano*, y con la palabra «Fin» recién estampada se fue a Santander para enrolarse en un barco de pesca que hacía la marea del Gran Sol. En realidad se trataba de una pareja de barcos, el *Puente Viesgo* y el *Puente Nansa*.

El mar, su permanente obsesión, era el tema de su próxima novela. Era difícil conseguir que aceptaran a un extraño en un viaje de trabajo duro y largo, y mucho más hace cuarenta y siete años, cuando los barcos carecían de los adelantos técnicos que hoy tienen.

Pero el patrón de pesca era vasco y recibió la petición de Ignacio con interés y simpatía. Ignacio consiguió su cartilla de marinero, sellada y firmada rigurosamente, y se lanzó a vivir una aventura con la que siempre había soñado. Durante casi un mes navegó con los pesqueros por las aguas de Irlanda.

La novela *Gran Sol* fue publicada en 1957 y recibió el Premio de la Crítica de ese mismo año. Fue un éxito dentro de la limitada trascendencia de los éxitos literarios de los años cincuenta y se ha convertido en una novela clásica. El tema del mar, en un país con tantas costas como España, era un tema literario poco frecuente con excepción de la obra del vasco Baroja. Existen numerosos estudios sobre este libro de Ignacio, para muchos el mejor de su obra.

Paralelamente a las novelas, Ignacio escribía cuentos. En 1955 publicó un volumen con los que más le gustaban entre los publicados en las revistas. *Espera de tercera clase* se publicó en la editorial Puerta del Sol, y el mismo año apareció *Vísperas del silencio,* otra selección de cuentos publicada por Taurus. Por cierto, también publicó Taurus *Caballo de pica* en 1961.

Mi querido amigo Pancho Pérez González me recordaba hace poco la publicación, en la que él intervino, de *Vísperas del silencio,* lo jóvenes que éramos todos, las ilusiones literarias que teníamos.

Con frecuencia leo, o escucho, a alguien que me dice que Ignacio es un cuentista excepcional, o que es el mejor cuentista desde Clarín, o que es el mejor entre...

Estoy segura de que Ignacio es un gran cuentista. El cuento le entusiasmaba como género y leía cuentos con verdadera pasión. Le gustaban sobre todo los escritores clásicos franceses y rusos y muy especialmente los americanos, a quienes consideraba los grandes creadores de la *short story* moderna.

Hay cuentos, entre los que Ignacio escribió, que han aparecido en numerosas antologías españolas y extranjeras. Con frecuencia hizo declaraciones a favor del cuento en entrevistas, artículos, etcétera. Algunas verdaderamente explícitas: «El cuento tiene ritmos y urdimbre muy especiales, lo mismo que la novela. De aquí que el cuento no sea un paso hacia más grandes empresas, sino una gran empresa en sí».

Su calidad de cuentista y la abundancia de títulos convirtieron a Ignacio en un escritor, para muchos críticos y lectores, especializado en cuentos. Personalmente creo que Ignacio es un extraordinario cuentista. El cuento era un género que le fascinaba. Pero la calidad, fuerza y la solidez de sus novelas es evidente. Los dos géneros parten de una misma concepción de la literatura y su contenido. Ambos son el resultado del talento, la autenticidad y el dominio del idioma, la belleza y la expresividad de un lenguaje personal y de un estilo inconfundible, cuya valoración se afirma positivamente día a día a pesar de la temprana muerte de Ignacio.

*

El año 1958 marca un punto de no retorno en nuestros descubrimientos personales. El verano de ese año descubrimos el Mediterráneo. Y ese otoño viajamos a Nueva York para pasar allí el curso 1958-1959.

El Mediterráneo, en realidad, lo habíamos entrevisto ya, en algún breve viaje a Barcelona, Málaga y Almería. Pero el descubrimiento deslumbrante y cautivador fue en los comienzos de julio de 1958, cuando llegamos por primera vez a una isla, Ibiza, la isla todavía virginal a la que había que llegar en barco.

Precisamente ese verano empezó a funcionar el primer vuelo diario de Iberia desde Madrid, con escala en Valencia.

Dos amigos, Rafael Azcona y Fernando de Castro, que ya la habían descubierto antes, nos hablaron con tal entusiasmo de la isla que decidimos organizar nuestro primer verano en ella.

El cine, la literatura, nuestra imaginación desorbitada por las impresiones de Rafael y Fernando, habían anticipado la belleza y la magia de una isla mediterránea. Pero toda anticipación se queda corta.

La llegada a la isla fue deslumbrante. Ibiza era blanca y verde y azul. «Había un resplandor de porcelana en la cal de las fachadas», escribió Ignacio más tarde. «Las casas blancas, el verdor de las sabinas, los algarrobos, los almendros. El gris argentino de los olivos. El azul radiante del cielo y el mar.»

Ibiza era otro mundo, no podía ser España, la España mesetaria de la que procedíamos. Ibiza era la alegría, la libertad, la juventud, la estética. Ibiza era «el extranjero», esa palabra mágica que en los años cincuenta sonaba a paraíso.

Llegamos al mediodía a San Antonio Abad, al piso que habíamos alquilado en la misma casa del pueblo en la que vivían nuestros amigos. Ellos iban solos, libres y ligeros de equipaje. Ignacio y yo llevábamos a nuestra hija Susana y a nuestra Teresa, que se ocupaba de la niña, la casa, la comida en Madrid y tenía que hacer otro tanto en la isla. Una familia completa.

*

El piso era nuevo y céntrico. La cocina era muy antigua. Había que cocinar con leña. Pero el baño era suficiente y las habitaciones amplias y luminosas.

Desde el primer día nos integramos en el ritmo acelerado de San Antonio. La bahía luminosísima, los bares, las salas de exposiciones, las tiendas, todo tenía el aire de la Ibiza diferente y exótica que imaginábamos.

El agua del mar todavía llegaba hasta la casita de Correos. Había un hotel tradicional, el Portmany, y muy pocos apartamentos.

Es difícil expresar lo que significó para nosotros la inmersión en un mundo ajeno por completo a la realidad que vivíamos en Madrid. Por encima de todo, Ibiza era la libertad. Con ciertas restricciones todavía, es cierto. Guardias municipales que vigilaban las playas para comprobar que los bañistas eran correctos en sus vestidos y actitudes pero que paseaban lánguidamente, convencidos ya de que Europa empezaba allí, en las calas pobladas de europeos, y que ellos eran una especie de guardianes diplomáticos con tácitas consignas de hacerse los distraídos.

Ibiza, 1958. San Antonio. Playa Blanca, la sala de fiestas al aire libre con sus animadores.

Por segunda vez en mi vida, la primera fue en París, me sentí ciudadana del mundo, de un mundo al que todavía no habíamos llegado oficialmente.

Ignacio era feliz. En la isla vivían ingleses jubilados, en calas alejadas y todavía no descubiertas. Se visitaban de cala en cala y tenían sus partidas de bridge. Cuando aparecían por San Antonio a hacer las compras, venían en automóviles viejos que se habían traído de su isla. Recuerdo dos viejos muy simpáticos, uno era cojo y otro manco. Eran mutilados de la Primera Guerra Mundial. Se apoyaban el uno en el otro, charlaban, reían. Ellos también eran libres.

A la isla empezaban a llegar los primeros «hippies de oro», los niños mimados de Estados Unidos. Tenían una revista, *Black Saturday*. Bebían como descosidos por los bares soleados de la isla. Absenta por la mañana y ginebra o whisky por la tarde-noche. Todos bebíamos. Era nuestro *East of Eden,* un Edén real y vigoroso al que habíamos llegado desde la oscuridad.

El agua del Mediterráneo era transparente. El descubrimiento de los fondos con las primeras gafas y tubo. Los barcos. El de Miska, el húngaro, amigo de Fernando y Rafael y, enseguida, nuestro. Miska tenía un barco de pescadores adaptado a sus necesidades lúdicas y con él hacíamos excursiones. También pasábamos diariamente por Buda, la galería de arte de Miska, que vivía allí todo el año.

Aquel verano descubrimos los rincones de la isla. El interior rico en sabinas, pinos y casitas aisladas, blancas y cuidadas.

A veces se apagaban las luces de San Antonio durante un rato. Luego volvían. Se decía, se rumoreaba, se fantaseaba que Errol Flynn tenía un yate en la isla, y que tenía algunos contactos con los proveedores de tabaco de contrabando. Se decía que ese tiempo que estábamos sin luz se empleaba en el desembarco del cargamento. ¿Era verdad o sólo una leyenda? La leyenda de una isla de película mediterránea. Pero el yate era real. Lo vimos anclado en el puerto.

A Ibiza íbamos con frecuencia. Solíamos subir hasta la ciudad alta y contemplar desde allí el paisaje. Al atardecer empezábamos a recorrer los bares, algunos de amigos madrileños en los que la música, la charla y la alegría física de vivir, combinaban perfectamente.

Aquel verano fue el comienzo de una docena de veranos más. Hasta 1969 fuimos felices allí. La isla iba cambiando, pero no lo notábamos porque ya pertenecíamos a ella.

Después de algún tiempo, Fernando de Castro construyó, en una cala cercana a San Antonio, Los Albares, una casa blanca sobre una roca con seis apartamentos. Él se reservó los dos del tercer piso. Uno de los restantes nos lo alquiló a nosotros para todo el año y entonces fue el verdadero paraíso. De la mañana a la noche, el mar nos esperaba abajo, a nuestros pies. Nos bañábamos a cualquier hora, y desde la terraza de nuestro salón veíamos caer el sol, hundirse cada día, detrás de la isla Conejera, con la primera copa de la noche, que hay que tomarla «cuando el sol está por debajo del bauprés», decía Ignacio.

En realidad, era la primera copa del atardecer. Cuando se hacía noche cerrada, nos vestíamos. Pantalones blancos de lino grueso tejido en la isla. Blusas de lienzo, pintadas de colores. La primera que tuve la compré en el estudio de una inglesa precursora de la moda ibicenca, con los primeros collares de cuentas negras, o azules, o rojas. Todo suelto, amplio, ligero, libre.

Bajábamos al pueblo. Allí seguían las copas, los amigos, la música, el humor. Días de sol y vino y rosas.

La huella que Ibiza dejó en nosotros y en nuestros amigos más próximos durante aquellos años está reflejada en nuestros libros. Rafael Azcona en su novela *Los europeos,* Ignacio Aldecoa en tres cuentos, «Ave del paraíso», «Un corazón humilde y fatigado» y «Amadís», Fernando de Castro en sus memorias, *La isla perdida,* y yo en mi novela *Porque éramos jóvenes* y en el cuento «Espejismos».

*

El regreso a Madrid después del largo verano —julio, agosto y septiembre— era deprimente.
Volvíamos de un mundo abierto, luminoso, cálido.
Un mundo de extranjeros y españoles emigrados en
busca del Edén. Y encontrábamos la misma realidad
que habíamos abandonado: la represión intelectual,
la censura, las noticias que llegaban de las radios
extranjeras. Y siempre el mismo mensaje machaco-
namente repetido: España, el mejor de los mundos, la salvación de Occidente, el castigo de infie-
les. Volvíamos de un mundo feliz, joven y frívolo,
de un mar civilizado, el «mar nuestro», que compartíamos con Francia, con Italia, con Grecia. El mar
al que se asomaban los europeos del norte, los americanos rebeldes. Era difícil recuperar el ritmo olvidado de la capital de una España áspera, gris y
somnolienta. Las normas, las claves, las dificultades,
las permanentes advertencias sobre lo permitido y
lo no permitido, lo bueno y lo malo. Desde Madrid, Europa seguía siendo un lugar inalcanzable.

Pero aquel primer verano ibicenco de 1958
tuvimos suerte. En Ibiza recibimos la noticia de
que nos habían concedido la beca americana que
habíamos solicitado meses antes, para pasar el curso 1958-1959 en Nueva York.

Nuestro entusiasmo no tenía límites. Pero una sombra lo empañaba. Teníamos que dejar
a Susana con mis padres porque era difícil compaginar nuestras actividades en América con la vida
de una niña de cuatro años.

La maternidad fue para mí, desde el primer
instante, la experiencia suprema, el más fabuloso
de los milagros. Y a la vez la mayor de las amenazas. Toda clase de peligros podían rodear a ese ser

indefenso y vulnerable. Vivir en el sobresalto, extremar las precauciones y cuidados de mi hija, comprobar a cada momento que respiraba, cuando estaba dormida, al principio; más adelante, que no se hubiera roto algo cuando se caía; que la fiebre repentina no significara necesariamente una enfermedad grave. Esta amenaza que yo sentía gravitar sobre la niña en los primeros años de su vida se dulcificó un poco cuando empezó a hablar y se serenó, cuando se convirtió, a los cuatro años, en una niña «mayor».

Sin embargo, la idea de una separación tan larga y con tanta distancia por medio me parece, todavía hoy, terrorífica. Sobre todo en una época en que era impensable que pudiéramos venir a España en cualquier momento a pasar unos días con ella.

Mi madre era una abuela joven. Tenía cincuenta y seis años y, en aquel momento, mucha energía. La idea de cuidar a Susana le pareció estimulante. Mi padre también estaba encantado. Pero nosotros lo pasamos mal cuando tomamos la decisión de «abandonarla» y partir. No obstante, tengo que reconocer que, a pesar de todo, aquel viaje, aquella aventura extraordinaria que suponía Nueva York, en el año 58, fue un proyecto de cuya realización nunca me arrepentí. Aquella experiencia iluminó para siempre nuestras vidas.

Pienso que hoy no soportaría una separación tan larga de mi hija y de mi nieto, tan adultos los dos. Pero hoy soy mayor y me he convertido en un ser muy vulnerable. En el 58 era joven, necesitaba vivir, viajar, conocer nuevos países, nuevas formas de vida. Las circunstancias históricas que vivíamos desde la infancia nos habían hecho desear, con una intensidad irrepetible, la huida hacia otros mundos. Hoy todo ha cambiado. Un viaje sigue siendo tentador pero nunca, por un viaje, me separaría tanto tiempo de mis seres queridos, de mi mundo. El tiempo que hoy se extiende ante mí es cada vez más corto, no puedo desperdiciarlo. Pero entonces, en aquel lejano año que iba dejando atrás la década de los cincuenta, yo tenía la presencia única de Ignacio, el ser del que nunca hubiera podido separarme, el más estimulante de los compañeros para emprender una aventura vital de la importancia y el significado que, en aquel momento, tenía vivir un curso en Nueva York.

Así que emprendimos la marcha entre la angustia de la despedida y la emoción anticipada de la experiencia que íbamos a vivir.

Y puedo asegurarme a mí misma que fue aquel año, de Ibiza y Nueva York, el año más brillante y atractivo de mi vida.

*

Llegar a Nueva York a primeros de octubre fue extraordinario. El otoño soleado, el aire fresco y suave a la vez, el ritmo alegre de las calles. Los primeros pasos de conocimiento y reconocimiento de una ciudad descubierta e idealizada a través del cine en blanco y negro. Central Park, Broadway, la Quinta Avenida, el Puente de Brooklyn. Todo nos llenó de alegría y de ganas de vivir. Acompañados por nuestros amigos los Costas, que vivían entonces en Nueva York, recibimos las primeras sensaciones de una ciudad que pasó ya para siempre al registro personal de nuestros mitos.

Nunca, con ninguna otra ciudad, nos volvió a inundar el sentimiento de pertenencia a primera vista que nos produjo Nueva York. Éramos conscientes de que *We belong there,* expresado en ese hermoso verbo inglés intraducible en todo su significado, *to belong* —¿*to be-long?*—, durante todo el tiempo que estuvimos allí. Por una parte los Costas, por otra los nuevos amigos americanos para quienes llevábamos cartas de Dionisio Ridruejo, fueron nuestros guías en la vida intensa de la ciudad.

Mi programa de educación incluía cuatro días a la semana en Hawthorne School, donde viví una experiencia educativa absolutamente nueva. Y un día, el martes, lo pasaba en New York City, donde visitaba escuelas de todo tipo y condición, desde las públicas de distintas zonas hasta las más lujosas privadas o las más renovadoras en técnicas y programas. En todas recibí las máximas atenciones y facilidades para visitar hasta el último rincón y para recibir respuesta a todas mis preguntas.

Hawthorne School era un reformatorio modelo dependiente del Jewish Board of Education, destinado a jóvenes delincuentes. Tenía un programa revolucionario. Los chicos y chicas que allí vivían habían sido enviados por el Tribunal de Menores por delitos o infracciones más o menos graves: escaparse de casa, robar en una tienda, robar un coche.

Cada día me dirigía a la Grand Central Station, en la Calle 34, para tomar mi tren a Pleasantville y pasar el día en el centro.

A veces regresaba en el tren de la tarde y otras en el coche de alguno de los miembros del *staff* que vivían —todos— en Nueva York.

La escuela estaba en un gran parque natural y los chicos vivían en casas para quince alumnos o alumnas. En cada casa vivía una pareja de adultos que hacía el papel de «padre y madre» para los niños y que organizaban los horarios, las comidas, etcétera, como —en teoría— podía organizarse en un verdadero hogar. Se trataba —ahí estaba lo renovador— de proporcionar a los adolescentes un ambiente relajado y familiar, la atmósfera moral y afectiva de una verdadera familia.

Durante el día tenían clases en las escuelas del parque y cada uno de los alumnos recibía atenciones y tratamiento individual a cargo de psicólogos y especialistas, en el despacho correspondiente. El *staff* estaba compuesto por profesores de distintas materias, psiquiatras, psicólogos, médicos, enfermeras, asistentes sociales, etcétera, que se reunían en grupos de trabajo diario para el seguimiento y el análisis de la evolución individual de las conductas de los alumnos a los que se trataba como «enfermos».

Por supuesto, las hectáreas de bosque donde se asentaban los edificios del establecimiento educativo no tenían barreras. Había guardianes de noche pero en teoría —y a veces en la práctica— los chicos podían escaparse.

La intención era que los alumnos vivieran en un «hogar reconstruido» una vida no de internado al uso, sino de familia, sin los límites que recordaran a una prisión.

Yo tuve todo el tiempo acceso a los expedientes e historias de los chicos para poder participar, cada día, en las reuniones de trabajo del equipo pedagógico y psicológico en las cuales se aludía a los casos concretos.

Luego, a partir de las cinco de la tarde, en cada casita se recogían los alumnos y a esa hora, hasta las siete, yo tenía ocasión de estar con un grupo de chicas que me fue asignado, haciendo vida «social», charlando, viendo televisión, escuchando música y cenando con ellas, a las seis.

La experiencia fue apasionante y dura. Las historias me parecían insólitas. Familias deshechas. Maltratos. Abusos sexuales.

Un mundo que parecía inexistente entonces en nuestro país, imposible como fenómeno social en la España «perfecta», censurada, con costumbres y prohibiciones que ocultaban todo lo irregular de la dictadura. Un mundo de cuya existencia nos han ido llegando noticias paulatinamente, con parecidas características, cuando llegó la libertad.

Las cartas de Dionisio nos llevaron a conocer a personas muy interesantes. Los Barnes, Courtie y Trina —Trina pertenecía a la familia McCormick del *Chicago Tribune*—, nos abrieron las puertas de su casa y allí conocimos el ambiente más atractivo que podíamos soñar.

Gentes que pertenecían al mundo intelectual neoyorquino. Gentes de la *Partisan Review,* la lucha por los derechos civiles, el recuerdo vivo de la guerra civil española.

Un día nos invitaron a una fiesta de bienvenida en honor de Gustav Regler, que acababa de llegar a Nueva York.

La historia reciente de Regler era sorprendente. Llevaba años queriendo entrar en Estados Unidos pero, a pesar de estar casado con una norteamericana, se le negaba el permiso de entrada por «prematuramente antifascista», es decir, por su participación en nuestra guerra civil.

Hemingway había intercedido públicamente a su favor y había escrito el prólogo de su libro *The Great Crusade,* sobre su experiencia española. Al fin, ante la presión de varios núcleos culturales, le fue concedido el visado y tuvimos la oportunidad de conocerlo a él y a su mujer. Charlamos con ellos y se interesaron mucho por la situación de España en aquel momento, la represión, la censura, la vida cultural, la resistencia política, etcétera.

En otra ocasión también conocimos a Waldo Frank, que nos dedicó varios libros en su casa.

Un amigo de mi hermano, Dale Brown, a quien ya habíamos conocido en Madrid, vivía en el Village, que entonces atravesaba su mejor momento. Dale conocía muy bien el ambiente artístico-literario del mítico barrio. Nos invitaban con frecuencia a su casa y a los restaurantes italianos de la zona. Ignacio y él se habían hecho amigos y, como ninguno de los dos tenía horarios fijos (Dale también escribía), vagabundeaban por la ciudad guiados por las mismas curiosidades y aficiones.

Una tarde nos llevó al White Horse, un bar frecuentado por poetas. Dylan Thomas salió de allí un día herido de muerte hacia el cercano hospital de St. Vicent.

*

Los Costas, Carlos José, su mujer Pili y su hijo Mario, fueron desde el primer momento nuestra familia en Nueva York. Queridos amigos de Madrid, su casa fue para nosotros un refugio entrañable lleno de alegría y buen humor. Juntos frecuentábamos lugares deliciosos de la ciudad, que ellos conocían muy bien.

Recuerdo una excursión a Long Island en pleno invierno. Las playas vacías, las casas de verano cerradas y al entrar por azar, en un camino entre los árboles de un bosque, el descubrimiento de un restaurante español, Carmen, en el que nos hicieron una paella con mariscos locales.

En una ocasión asistimos al estreno de una zarzuela de Moreno Torroba en una iglesia *off Broadway*. Fuimos con los Costas y con Ángel Zúñiga, corresponsal de *La Vanguardia,* un conversador incansable y un generoso guía que conocía exhaustivamente la ciudad.

Un día nos llevó a un pequeño restaurante árabe en el que se bailaba la auténtica danza del vientre y donde había, en una mesa cercana, un grupo que hablaba un castellano muy claro pero con un acento difícil de localizar. En un momento dado se dirigieron a nosotros preguntando: «¿Españoles, de dónde?». «De España», contestamos, y uno de ellos muy sonriente aclaró: «Nosotros de Constantinopla».

En aquel momento, se preparaba en Nueva York una importante exposición de Dalí. Zúñiga nos invitó a la inauguración y nos presentó a Dalí y a Gala. Y también a Henry Fonda y a su mujer italiana. En un cóctel que Zúñiga dio en su casa a Andrés Segovia y a los Dalí, nos presentó a un fotógrafo catalán exiliado y muy conocido por su espléndido trabajo, Carles Fontseré, y a su mujer, una encantadora pareja a quienes he recuperado, por correo, en su actual residencia de Cataluña.

De Fontseré conservo una serie de fotografías que nos hizo en distintos lugares. Una de Ignacio sonriente con un fondo de rascacielos me autorizó a reproducirla en la portada de los *Cuentos* de Alfaguara.

Luego estaba el Nueva York de la Columbia, Paco García Lorca y Laura de los Ríos, Eugenio Florit, Ángel del Río, todos cordiales, entrañables, emocionantes para nosotros porque representaban lo que siempre habíamos añorado, la cultura perdida, el mundo desconocido y mitificado de los españoles en el exilio.

Entre los recuerdos de aquel año en Nueva York, lejano y vivo en la memoria, está la película *Tierra española,* dirigida por Orson Welles, con guión de Hemingway.

La vimos en un cine *down town* y nos emocionó profundamente. Las imágenes de la guerra me siguen estremeciendo todavía hoy, cuando ya hemos visto en nuestra propia televisión numerosos documentales.

Pero aquella primera visión del drama en un cine neoyorquino, al lado de Ignacio, será siempre la referencia más auténtica de mi emoción. Con lágrimas en los ojos, salimos a la calle sin hablar y nos refugiamos en el primer bar que encontramos.

En Nueva York se podía encontrar el mismo día, en la calle, desde a Greta Garbo —cliente de una perfumería de las hijas del «Caballero Audaz»— hasta a Mikoyan, de paso por las Naciones Unidas.

Por una hora no conocimos a Henry Miller. Nos llevó Dale Brown a visitarle al hotel donde vivía y acababa de salir momentos antes hacia el aeropuerto.

Pero tuvimos la gran suerte de conocer a Francisco Ayala, que nos invitó a su casa más de una vez y se nos mostró como el hombre brillante y generoso y el escritor auténtico que habíamos adivinado en sus libros. Reencontrarlo en Madrid, a su regreso al cabo de tantos años, significó para mí una gran alegría y una profunda nostalgia neoyorquina.

Casa Moneo, una tienda española de ultramarinos, olía como cualquier tienda de cualquier pueblo de España, instalada en el auténtico ultramar. Albergaba tesoros para cocinar «a la española», desde garbanzos a pimientos enlatados.

Pero había otros lugares de raíz hispana, como el restaurante vasco Jai Alai donde alguna vez coincidimos con Alberto Machimbarrena, amigo de amigos de Madrid. O la taberna de un gallego anarquista, *down, down town*, donde se podía comer un cocido muy apetitoso.

Se acercaba la Navidad y Nueva York era una fiesta luminosa. Las calles, los árboles, los escaparates, los teatros. Todo rebosante de bombillas de colores, de reflejos dorados, de luz.

El gigantesco árbol del edificio Rockefeller derramaba su luz en la pista de patinaje sobre hielo. En las aceras brillaban las brasas de los puestos de castañas asadas y *hot dogs*. La calle era un vertiginoso desfile de gentes de todas las edades, Papás Noel sin cuento, tintineo de campanillas, música navideña. Pasamos la Nochebuena en familia, es decir, en el apartamento de nuestros Costas.

El día de Navidad fuimos a Harlem para asistir a una misa, famosa por la música y los cánticos de los negros. Fue una fiesta maravillosa. Éramos los únicos blancos. Nos sentamos en un banco que tenía un hueco libre y las personas que nos rodeaban nos sonrieron amistosas. Una mujer, a mi lado, me dio la mano y me dijo: «*Thanks for coming*».

El Belén era un Belén vivo, todos los personajes eran de color.

La música fue de una belleza extraordinaria. Nos sentimos felices en aquel ambiente cálido y vibrante de emociones estéticas.

Muchos años después he vuelto a una misa en Harlem, pero con un carácter turístico programado. Desde el hotel nos llevaron en un coche y entramos discretamente con el grupo de extranjeros que esperaban para contemplar el espectáculo religioso. Todo fue hermoso pero incomparable con aquella primera Navidad.

El año nuevo comenzó para nosotros celebrando a las seis de la tarde el español, y a las doce el neoyorquino, en el apartamento de nuestros amigos. De madrugada, alegres por la grata velada y un punto melancólicos, regresamos a nuestro hotel, en Broadway esquina a la 77. Teníamos un apartamento muy cómodo con *kitchenette,* salón-dormitorio y baño. Por la ventana se veía, al fondo, Central Park. Mientras tomábamos la última copa, empezó a llegar a nuestros oídos un alboroto de canciones y gritos en español que brotaban de algún lugar cercano. Al día siguiente descubrimos el origen de la fiesta hispana. Cerca del hotel estaba el Centro Cubano y era el 1 de enero de 1959. Fidel Castro había triunfado y los cubanos de Nueva York celebraban la caída del dictador Batista.

Poco tiempo después, un día, el centro de Nueva York se vio invadido por grupos de barbudos pacíficos que se sacaban fotografías con los niños. Acompañaban a Fidel Castro, el joven de nuestra edad que era el gran protagonista de la ciudad. El *New York Times* le había dedicado amplios espacios durante todo el proceso revolucionario.

Fidel era un héroe. Pudimos verlo, o mejor, adivinarlo entre las multitudes, un día en Macy's y otro en Washington Square.

Ignacio tenía la dirección del Centro Vasco de Nueva York, que algún amigo de su padre le había dado, y una tarjeta para un folclorista famoso cuyo nombre no recuerdo.

Nos pusimos en contacto con él y nos invitó a la fiesta de Santa Águeda, que se celebraba un día de febrero.

La visita nos impresionó fuertemente. En una casa antigua *down town,* en un piso, estaba la Casa Vasca. Entrar allí era entrar en un casino, taberna o lugar de encuentro de un pueblo vasco. Un mostrador de madera, paisajes vascos, fotografías de Euskadi y orlas de soldados vascoamericanos muertos en la guerra mundial.

El centro estaba lleno de gente, familias completas, hombres, mujeres y niños.

Un grupo de hombres mayores vestidos con pantalón negro y camisa blanca, boina y pañuelo al cuello estaban dispuestos para cantar a Santa Águeda. Nuestro anfitrión nos dijo que era en el único lugar en que se conservaban esas canciones muy antiguas y desaparecidas en España. La belleza de la música, la melodía del idioma, la atmósfera que nos rodeaba, nos conmovieron.

Tomando unas copas de vino nos dimos cuenta de que la mayoría no sabían español. Sus idiomas eran el euskera y el inglés. Había viejos, gente madura y jóvenes que pertenecían ya a la tercera generación.

*

El programa de educación que me habían asignado se completó con un viaje a Topeka, Kansas, capital de este Estado, centro geográfico de Estados Unidos. Allí visité la Menninger Foundation, dirigida por Karl Menninger, discípulo de Freud, y el Veterans Hospital, ambos centros con importantes departamentos de Psiquiatría y Psicología que me interesaron mucho. Me invitaron a asistir a reuniones de trabajo de los especialistas residentes y tuve ocasión de conocer a varios médicos españoles que fueron cordiales conmigo.

Al regreso de Topeka hice un viaje muy atractivo en autobús —la ida había sido en avión— que me permitió tener la experiencia, tantas veces seguida en libros y películas, de una ruta de los Greenways que tenía parada en diferentes puntos.

El viaje hasta Washington, donde había quedado citada con Ignacio, era bastante largo. Al pasar por Carolina del Norte, tuve una experiencia inesperada. Yo iba en la primera fila de asientos y, al descender del autobús en una parada y entrar en la sala de espera, me di cuenta de que estaba rodeada por todas partes por gente de color. Me miraban con cierto asombro que yo interpreté como reconocimiento de mi condición de extranjera. Pero luego me di cuenta de que yo era la única blanca. Salí de la sala, buscando una indicación de *Toilet-Room,* y entonces observé que a unos pasos había una puerta de acceso a otra sala de espera sobre la cual, en letras grandes y claras, indicaba «WHITE». Miré a la sala que acababa de abandonar y observé que también sobre su puerta había un letrero: «COLORED».

Al regresar al autobús, la señora que tenía al lado me habló por primera vez para decirme: «¿Se ha dado usted cuenta? ¿Ha visto esta gente?». Y señalaba a una negra joven y bella que se había sentado al otro lado del pasillo en la segunda fila.

Fue entonces cuando observé que, efectivamente, en las últimas filas sólo iban sentadas gentes de color. La *white lady* siguió mascullando quejas con su acento sureño durante un buen rato.

En otros viajes, muchos años después, en los que he visitado algún estado del Sur, no he tenido ocasión de contemplar una reacción racista parecida, quizá porque mis visitas eran a universidades en las que el clima social es muy diferente.

Ignacio me esperaba en Washington después de unas entrevistas con gente de prensa que había organizado alguno de los amigos exiliados de Nueva York. Sus actividades eran muy diferentes de las mías. Ignacio daba conferencias en distintos centros universitarios, cercanos a Nueva York, y colaboraba en periódicos hispanos de gran tirada a través de Joaquín Maurín, el conocido fundador del POUM, también exiliado.

Era mayo y en Washington los cerezos estaban en flor. La ciudad nos pareció hermosa a primera vista, pero fue una visita rápida en aquella ocasión.

*

Cuando llegó el momento de terminar el curso y regresar a España, nuestros sentimientos oscilaban entre el deseo urgente del regreso y la recuperación de nuestra hija y la nostalgia anticipada de abandonar Nueva York. Ya entonces fuimos conscientes de que el contacto con la gran ciudad nos había cambiado. Creo que, si hubiéramos tenido la oportunidad medianamente satisfactoria de quedarnos en ella, hubiéramos aceptado el reto que se habría convertido en atractivo ante la idea de tener a Susana con nosotros, en uno de aquellos maravillosos jardines de infancia que había visitado en mis martes neoyorquinos.

A primeros de junio estábamos instalados de nuevo en Madrid, dispuestos a retomar la vida familiar de los tres y poner los pies en la tierra para empezar una vez más la lucha por la supervivencia.

Uno de los problemas que enseguida nos asaltó fue la necesidad de buscar un lugar para nuestra hija, que en octubre iba a cumplir cinco años. Algunos de nuestros amigos estaban en una situación parecida, tratando de resolver la próxima escolarización de los niños. Fuimos al Instituto Italiano, que tenía muy buena fama y una excelente tradición de Jardín de Infancia. Pero no había plazas. No abundaban las opciones tentadoras, así que un día mi compañera de Facultad y amiga, Rosario Correa, que había trabajado conmigo antes de mi viaje en los grupos de Rosalía Prado, muy interesada en lo que le contaba de Nueva York y sus escuelas, me dijo: «¿Por qué no abres un jardín de infancia, por qué no lo abrimos las dos?».

Su marido, Salvador Pons, era un gran entusiasta de la idea (tenían entonces dos hijos) y entre los dos hicieron una buena labor de convicción. Yo rechazaba el proyecto con verdadera energía. Me horrorizaba la responsabilidad que suponía crear una escuela. Lo primero que hice fue aclararles, aunque lo tenían claro, mis ideas sobre educación, bastante alejadas de las que en aquel momento se aceptaban como únicas. Pero, al parecer, esas ideas a ellos les parecían bien. Lentamente el proyecto fue tomando forma y me vi inmersa aquel verano, junto con Rosario, en la puesta en marcha de aquel Jardín que tanto me preocupaba.

Alquilamos un chalet en El Viso, lo amueblamos a nuestro gusto y con ayuda de nuestros padres y así nació el colegio —Estilo Jardín-Escuela— en el que, entre otras cosas, ofrecíamos como gran renovación el inglés.

Lo cierto es que aquella aventura pedagógica la iniciamos Rosario y yo con verdadero entusiasmo. Una vez decidida, yo dejé de lado mis primeros temores y me entregué a la tarea con pasión.

El 5 de octubre de 1959 comenzamos el curso con una veintena de niños de tres a cinco años, todos hijos de amigos y, entre ellos, mi hija Susana. Pronto nos vimos sorprendidas por lo apasionante de nuestro trabajo y la fácil realización de nuestro programa que no ofrecía obstáculos.

Por razones familiares, el nacimiento de otros hijos hizo a Rosario renunciar a su parte en el colegio y en 1962 me encontré sola ante el obstáculo. Sola, pero muy bien acompañada desde el primer momento por mi hermana Gaba, una verdadera artista que interpretó mi idea del arte del niño y trabajó con nuestros pequeños maravillosamente.

Muchas veces con admiración y cariño a lo largo de estos años me han llamado «maestra», una palabra y una profesión que admiro profundamente. Sin embargo, yo nunca he sido maestra. En los cuarenta años que he dirigido sola el colegio, nunca he enseñado. He ido desarrollando un proyecto educativo que tenía muy claro y que tiene una importante e inevitable consecuencia en la práctica de la enseñanza. Sin embargo, para mí, educar es lo más importante, lo básico, lo que subyace en cualquier forma de enseñanza.

Enseñar ¿qué? ¿Para qué? ¿Cómo? Todas estas preguntas tienen respuesta en el concepto que tengamos de la educación.

La educación tiene que ver con una actitud ante la vida, una filosofía de la existencia por elemental que esta filosofía sea.

El modo en que se desarrolla nuestra vida individual, lo que queramos hacer, cómo queremos vivir y convivir, lo que valoramos por encima de todo, es lo que determina nuestra idea de la educación. La enseñanza, la transmisión de conocimientos, es una consecuencia de la educación, una forma sistemática de actuar que aparece íntimamente ligada a la educación.

Si creemos en el ser humano, en la variedad de las personalidades individuales, en la libertad para desarrollar armoniosamente los aspectos que distinguen a un niño de otro, estamos decidiendo y definiendo el tipo de educación y enseñanza que queremos desarrollar.

Cada niño es único y diferente a todos los demás. Pero tiene que adaptarse a una sociedad que va a exigirle un conjunto de conocimientos, actitudes, normas generales, flexibles unas, de obligado cumplimiento otras, que necesita adquirir para desarrollar una profesión futura de modo eficaz y satisfactorio y para mantener una convivencia pacífica con los demás.

La educación de un niño depende, en primer lugar, de los padres desde que nace, y de la escuela cuando alcanza la edad adecuada.

Una escuela a la que tiene derecho como ciudadano de un país democrático. Una escuela flexible, amplia de horizontes, capaz de respetar las distintas ideas y las características de los grupos sociales, culturales, históricos y étnicos que forman una nación. Una escuela dispuesta a aceptar las características individuales de los niños, dispuesta a ayudarles a desarrollar al máximo sus capacidades.

La educación basada en el autoritarismo, planteada desde un esquema rígido e inflexible que pretende crear un tipo de ciudadano impuesto por el Estado, está limitando el crecimiento armónico de un niño y está formando adultos limitados, apáticos, desinteresados.

Una educación basada en un sentido de la vida generoso y amplio, que pretenda por encima de todo cultivar la inteligencia y la sensibilidad de los niños, despertar su curiosidad por el mundo que les rodea, invitándole a explorar ese mundo para descubrir la riqueza de posibilidades que su investigación le ofrece. Una educación que prepare al niño para disfrutar de los bienes culturales que la humanidad ha ido conquistando a lo largo de los siglos. Que le permita estimular su creatividad, que favorezca la libertad de pensamiento, de comunicación, de expresión, y que desarrolle desde muy temprano su sentido crítico y analítico.

Éste es el tipo de educación al que he dedicado buena parte de mi vida. He tratado de ayudar a los niños, a los padres, a los maestros y profesores, y he procurado facilitar las relaciones entre estos tres grandes grupos de protagonistas de la educación.

Con los niños me he esforzado en valorar su trabajo y su esfuerzo, la gracia y la originalidad de sus logros, y despertar en ellos la alegría de vencer los obstáculos y el placer del trabajo bien hecho.

He procurado comprender y ayudar a los padres a calmar la angustia o la preocupación por el proceso educativo que a veces les atenaza.

He estimulado a los maestros jóvenes para que encuentren su propia forma de enseñar, que dependerá de su personalidad, de sus conocimientos, de sus recursos instintivos y adquiridos.

Y me he desesperado a veces con la educación en general, con la Educación con mayúscula que escapa, como es natural, a mi capacidad de intervención, de crítica y de ayuda.

He visto a mi alrededor convertir en problema lo accesorio y dejar de lado lo fundamental.

He sido testigo de cambios sucesivos en los planes de estudio, en un intento desesperado de resolver problemas generales cuya raíz está en algo más profundo y posiblemente utópico, porque depende de la filosofía de la existencia y los principios éticos que un país ha desarrollado a lo largo del tiempo. De las creencias que ha mantenido acerca del ser humano y su destino. Del respeto a la libertad por encima de todo y de la decisión firme y segura de luchar por convertir a cada niño en un adulto maduro, responsable, que respete la libertad de los otros, la convivencia pacífica, la justicia, la solidaridad, la conservación de la naturaleza.

Para conseguir esa educación es necesario un compromiso individual y colectivo.

Individual por parte de los padres y los educadores profesionales. Y colectivo por parte del Estado y de los responsables del mundo de la cultura, la ciencia, el arte, la literatura.

El curso de 1959-1960 comenzó mi experiencia real en educación. Por primera vez iba a tener responsabilidad total de un centro educativo, aunque compartida en un principio con mi amiga Rosario.

La historia del colegio la he contado grosso modo en muchas ocasiones. Pero en el libro de Amelia Castilla *Memoria de un colegio* hay un espléndido trabajo de investigación periodística que supera todo lo que yo haya podido contar a rachas en entrevistas, prólogos o artículos.

*

La década de los sesenta fue una década intensa, llena de vida y alegría. No podíamos imaginar que, a punto de cerrarse, nos esperaba la tragedia.

En aquel Madrid en el que escribir seguía siendo llorar, en el que la censura funcionaba en la prensa, la radio y la recién incorporada televisión; en el que cualquier iniciativa política era difícil y dura por insignificante que fuera, desde las firmas reclamando la devolución del más pequeño derecho hasta la expresión de compromisos intelectuales cuya respuesta era el silencio oficial y el insulto anónimo por carta o por teléfono. En medio de una dictadura que nos limitaba y nos desesperaba, nosotros éramos aceptablemente felices porque, *malgré tout,* éramos jóvenes, teníamos una hija maravillosa, muchos amigos, viajes, libros nuevos publicados, películas sobre libros de Ignacio, veranos en Ibiza, la isla libre.

En 1961 Ignacio había descubierto las Islas Canarias. Escribió un libro, *Cuaderno de godo,* sobre ellas. Lo publicó Fernando Baeza en Arión, la editorial que él había puesto en marcha y en la que editó libros de varios amigos, Rafael Azcona, Jesús Fernández Santos y uno mío, una colección de cuentos, *A ninguna parte,* título que no anunciaba precisamente un mensaje optimista. En la misma colección de Arión había publicado años antes Ignacio su libro *El corazón y otros frutos amargos.*

*

Domingo y Carmela Dominguín entraron en nuestra vida en los años sesenta. Coincidimos en casa de amigos comunes y, desde el primer momento, Domingo e Ignacio se sintieron cercanos.

A Ignacio le apasionaban los oficios de riesgo. Aquellos en los que el hombre se mide con el obstáculo y ese obstáculo encierra riesgo, como la mina o la pesca de mar. En cuanto a los espectáculos, los toros y el boxeo. En ambos casos, más allá de lo que supone para el espectador la habilidad o la belleza del que actúa, le interesaban las connotaciones humanas y sociales de la profesión. Y, como casi todas sus pasiones, toros y boxeo tenían una raíz literaria.

Es curioso que a los quince años publicara su primer artículo, en un periódico de Vitoria, sobre toros. Se titulaba «¿No es verdad, Villalta?». Nunca pude leerlo porque no lo conservaba.

Ignacio disfrutaba con las historias que Domingo le contaba. Los comienzos de los tres hermanos Dominguín, adolescentes casi niños. La historia de los padres, el viejo Dominguín fundador de la dinastía y doña Gracia, a quien conocimos en La Companza, la finca familiar cercana a Quismondo, el pueblo del padre. Los Dominguín eran una leyenda viva y fascinante para Ignacio. Conoció a los tres en distintos momentos, pero era Domingo con quien tuvo una verdadera amistad. Durante su vida profesional Domingo destacó como matador, pero tenía otras pasiones: la política, la literatura, el cine, el arte. Su capacidad de entusiasmo, la fuerza de su personalidad, su sentido del humor, su actitud ante la vida, eran arrolladores. Su atractivo personal arrastraba a los que le rodeaban, que vivían en un continuo deslumbramiento.

La casa de Domingo y Carmela era una fiesta para los amigos. Allí se podía encontrar a Juan Manuel Caneja, el pintor, con su mujer. Allí, Jorge Semprún, Javier Pradera, Juan Benet. Y Simón Sánchez Montero y su mujer, una pareja legendaria por su valor, su honestidad, su entrega a una causa que les costó a ambos sufrimientos, sacrificio y dolor sin cuento. Tantos y tantos amigos...

Los niños circulaban por la casa. Los hijos de Domingo y de Pepe venían al Colegio Estilo y nuestra hija Susana era y es amiga de la hija mayor de Domingo, Pati.

Nunca olvidaré las temporadas taurinas de los sesenta. El lanzamiento de Ángel Teruel, a quien seguíamos muchas veces de ciudad en ciudad con Domingo y su cuadrilla. Y luego el debut de Curro Vázquez, su temporada magnífica de novillero y el día sangriento de su alternativa. Pocos años después Curro se casó con Pati, tan jóvenes los dos y tan enamorados. Una boda muy íntima en la que todos estábamos. Ya había muerto Ignacio y Domingo estaba en América.

*

Dionisio Ridruejo había fundado un partido, el PSAD (Partido Social de Acción Democrática), en el que estaba también nuestro amigo Fernando Baeza.

En 1962, un grupo de políticos liberales y antifranquistas, entre los que se encontraban Dionisio Ridruejo, Carlos Bru, Miralles, Satrústegui, Íñigo Cavero, había organizado un encuentro en Múnich con la España del exilio. Se trataba de poner en contacto a la gente de dentro y fuera de España que deseaban retomar de algún modo la convivencia pacífica y democrática entre todos los españoles.

Dionisio y Baeza invitaron a Ignacio a ir como *participant observer*. Él aceptó encantado con la curiosidad que le inspiraban las situaciones atípicas.

Durante los días que se celebraron las reuniones de Múnich, ni la radio ni la prensa hicieron la menor alusión al suceso.

El día previsto para el regreso, a las dos de la tarde, poco antes de la llegada del avión, se desató el ataque en el diario hablado de Radio Nacional.

Los insultos, las acusaciones, fueron terribles: traidores, malos españoles, etcétera.

Preocupadísima, esperé la llegada de Ignacio, que apareció en casa a la hora prevista. Me traía la última noticia. La policía había detenido en el aeropuerto a un buen grupo de los políticos que habían participado en el encuentro de Múnich.

Los días siguientes hervían las noticias extraoficiales en torno a los políticos de Múnich. A unos los habían detenido. A otros los habían desterrado a Fuerteventura. Ignacio esperaba decepcionado, porque la idea de pasar un tiempo de destierro en la isla canaria le atraía bastante.

Los ataques del Gobierno arreciaban. El NODO ofrecía las manifestaciones de toda España perfectamente organizadas desde Madrid. Los gritos de «traidores», «canallas», etcétera, se repetían. Grandes pancartas con peticiones desorbitadas se exhibían por todas las ciudades españolas. «Los de Múnich a la Horca» era uno de los eslóganes.

Teniendo en cuenta que era la primera vez que se reunían abiertamente y fuera de nuestro país las dos Españas, no se podía esperar otra cosa.

Ignacio me contó con detalle todo lo sucedido en el congreso. Estaba entusiasmado porque había conocido a mucha gente interesante, entre ellos a parte del Gobierno Vasco en el exilio. Nombres que había oído a su padre muchas veces porque eran amigos y correligionarios suyos.

Pasaron varios días y a Ignacio no le detenían. Un día —era domingo y aunque los amigos sostenían que en domingo la policía no trabajaba—, a las ocho de la mañana sonó el timbre de la puerta. Abrí yo y allí estaban dos hombres jóvenes, de paisano, que se identificaron como policías y que preguntaban por Ignacio. Les hice pasar y llamé a Ignacio, que se fue con ellos ante su requerimiento.

No había pasado media hora cuando me estaban llamando los encargados de la «resistencia interna» de los partidos de Múnich para ofrecerme su interés y ayuda que no fue necesario utilizar porque, después de largas horas de interrogatorio, Ignacio regresó a casa. Parece que no le habían molestado gran cosa, dado que no podían constatar intervención suya alguna en el congreso.

No obstante, los días siguientes llovían llamadas telefónicas de amenazas de muerte e insultos variados.

A todo esto, al regresar de Múnich, un grupo de los congresistas se había quedado en París para seguir manteniendo algunos contactos políticos. Entre ellos, Dionisio Ridruejo, Fernando Baeza, Carlos Bru y Antonio García López, que vivía allí.

Ignacio y yo teníamos previsto viajar a Polonia ese verano, pues se acababa de publicar en Varsovia la traducción al polaco de *Con el viento solano*. El problema era el visado.

A través de sus contactos, Dionisio Ridruejo nos consiguió un visado especial, en una hoja suelta, que se eliminaba al regresar sin dejar huellas en el pasaporte. Era la fórmula —restringida— para viajar a los países que figuraban como prohibidos en el pasaporte español: «Válido para todo el mundo excepto Rusia y países satélites».

De modo que aquel verano del 62 emprendimos el viaje a París donde continuaban «Los de Múnich», que prolongaron su estancia en la ciudad a la espera de noticias.

Los amigos nos recibieron con alegría y pasamos unos días de inolvidables charlas en terrazas hasta altas horas de la noche, descubriendo lugares con Fernando Baeza, que había vivido en París y trabajado en la Unesco al regresar de un largo exilio en América con su familia. Su padre, don Ricardo Baeza, brillante intelectual, hombre ilustrado, traductor espléndido de muchas novelas europeas, era embajador de la República en Costa Rica cuando estalló la guerra. Su madre, doña María Martos, mantenía en su casa de la colonia de El Viso tertulias femeninas a las que yo asistí en alguna ocasión.

Fernando y Mary, su mujer, se habían convertido en grandes amigos nuestros y sus hijas, Laura y Patricia, eran amigas de nuestra hija Susana.

Antonio García López, que vivía y trabajaba en París, nos alojó en su casa, generosamente.

Un día que habíamos quedado citados con Fernando, Dionisio y algunos amigos más para una cena en el apartamento de nuestro anfitrión, cena que estaba previsto que prepararía Ignacio, se presentó Fernando con lágrimas en los ojos diciendo: «Ha muerto Marilyn». Era el 5 de agosto de 1962.

Nos quedamos todos sin palabras. Marilyn tenía treinta y seis años, había nacido el mismo año que yo, en 1926, y era un ídolo mundial.

Cuando escribo estas líneas, hoy 5 de agosto de 2002, Canal Plus ha emitido un programa con motivo del 40 aniversario de su muerte.

Hoy he sido yo la que he llorado recordando aquel día, aquel año, aquella época. El tiempo ha pasado, largo y rápido. Pero desde la muerte de Marilyn han desaparecido Ignacio, Dionisio y dos protagonistas del programa de Canal Plus: los dos hermanos Kennedy.*

De París, resuelto nuestro visado para Varsovia, Ignacio y yo nos fuimos a Colonia para cobrar una traducción de *El fulgor y la sangre* y seguimos viaje a Amsterdam, donde nos detuvimos dos días visitando la bellísima ciudad. Desde allí volamos a Polonia.

El vuelo era por la tarde y aterrizamos ya de noche en el aeropuerto de Varsovia.

Por una carretera muy poco iluminada nos trasladamos a la ciudad. Estaba previsto que nos alojáramos en el único hotel para turistas que había entonces. Un hotel con un buen restaurante de cocina afrancesada y un bar agradable y cosmopolita donde tomamos copas en un ambiente muy grato y con muy pocos clientes, todos aparentemente extranjeros. Al día siguiente era domingo y visitamos la ciudad por sus calles más céntricas.

Todavía estaban reconstruyendo los edificios destruidos por la guerra. Todo lo que aparecía en pie era nuevo. La ciudad había quedado arrasa-

---

* En mayo del 2003, meses antes de terminar este libro, ha muerto en Madrid Fernando Baeza.

da por los alemanes. Paseamos hasta un pequeño parque, luego hasta el río Vístula de aguas grises y revueltas. La ciudad nos produjo una sensación de vacío y tristeza, acrecentada por la universal lentitud y soledad de los domingos.

El lunes nos pusimos en contacto con Stanislaw Zembrzniski, el traductor de Ignacio, un muchacho de nuestra edad, que resultó ser el más cordial, efusivo y generoso de los anfitriones. Nos acompañó a la editorial para cobrar los derechos de autor, gestión que nos había servido de pretexto para el viaje, ya que no se podía sacar el dinero de Varsovia. Nuestro plan era quedarnos unos días allí, gastar nuestros slotys y conocer un poco el país, tan lejano y, en ese momento, insospechado y exótico.

Hoy que el mundo se ha vuelto cercano, y hay tantas facilidades para viajar, es difícil imaginar lo que tenía de aventura nuestra visita clandestina, desde el punto de vista de España, a un país del Telón de Acero.

El contraste entre la dureza de una ciudad que todavía estaba recuperándose de los desastres de la guerra y las deslumbrantes ciudades occidentales que acabábamos de abandonar, París y Amsterdam, nos acongojaba.

Stanislaw había regresado de Argentina, donde se había exiliado con su abuela al final de la guerra. Allí había aprendido perfectamente el español y toda su formación primaria y secundaria había sido en nuestro idioma.

Nos hizo una crónica apasionada y dolorida de cada esquina, cada rincón, cada calle, y del destino que habían sufrido en la guerra. Era frecuente encontrar en un cruce de calles, delante de una casa, flores en ramilletes, en tiestos, en pequeños recipientes colocados en el suelo. «Aquí —nos decía— murieron fusilados veinte, treinta o cuarenta polacos». Según los lugares variaba el número. Varsovia entera era un homenaje floral a sus muertos.

La ciudad antigua había sido reconstruida piedra a piedra con la ayuda desinteresada de los ciudadanos que pusieron en pie la muralla, la catedral y el núcleo antiguo trabajando durante años, los días festivos de sol a sol, en un empeño heroico de recuperar su ciudad.

Nuestro amigo nos contaba que después de la guerra se había considerado la posibilidad de cambiar la capitalidad a otro lugar, dado que la mayor parte de los edificios, ¿el ochenta, el noventa por ciento?, había sido destruida. No lo hicieron porque la infraestructura subterránea, agua, luz, etcétera, permanecía en gran parte utilizable.

Nos enseñaba los lugares donde habían hacinado a los judíos hasta su eliminación, en campos de concentración y exterminio. Eran historias e historias, anécdotas terribles, recuerdo que flotaban en el ambiente de toda la ciudad.

Nos organizó un encuentro con intelectuales en la Casa de la Cultura y luego nos llevó a visitar el Museo Histórico en el que, con intensa emoción, visitamos la sala dedicada a nuestra guerra civil. Las banderas republicanas, los uniformes de los soldados, las fotografías, los pósters, las armas, todos los recuerdos que se habían reunido de aquella guerra que para ellos, y para toda Europa, había sido el ensayo general de la Segunda Guerra Mundial.

Un día, nuestro amigo nos llevó a visitar a una mujer cuyo nombre difícil no puedo recordar. Era una líder importante de la Resistencia polaca que había estado en nuestro país durante la guerra del 36.

Charlamos a través de nuestro traductor y escuchamos el testimonio conmovedor de aquella polaca que nos descubría retazos de nuestra historia.

Queríamos invitar a cenar a Stanislaw a un restaurante atractivo y nos llevó una noche al único lugar «elegante y frívolo» de la ciudad. Se llamaba El Cocodrilo y estaba en el barrio antiguo. Era un punto de encuentro de artistas e intelectuales, por el día. Por la noche había un público «elegante» y se podía cenar y bailar. Aparentemente, los clientes eran polacos. «¿Quiénes son estos polacos que se pueden permitir venir aquí?» —le preguntamos—, porque él nos acababa de decir que la factura que habíamos pagado por la cena de nuestra despedida equivalía a su sueldo de un mes en la editorial.

«Esos clientes son la nueva clase —nos contestó—. Ingenieros y militares...».

Permanecimos en silencio los tres. Creo que aquella primera visita a un país comunista nos dejó la sombra de una duda sobre un sistema con el que nunca nos habíamos identificado pero del cual teníamos una idea distinta. Y achacábamos a nuestro egoísmo la preferencia por el sistema democrático occidental de los países que admirábamos desde el nuestro, triste y reprimido y atrasado.

Era la época en que todavía creíamos que en los países comunistas había censura y dificultades de libertad de expresión y que este problema era especialmente grave para los intelectuales. Pero que había justicia social y que no existía la corrupción económica.

Era también el tiempo en que Ignacio y yo discutíamos muchas veces entre nosotros si no era egoísta por nuestra parte querer la libertad de una democracia a cualquier precio o aceptar la honestidad, dura y solidaria de las dictaduras del proletariado.

Stanislaw no quería discutir el fondo de la cuestión pero contestó a nuestra pregunta con lealtad.

Charlábamos mucho de literatura española. Estaba al día porque recibía la prensa de España de la época en la editorial, concretamente el *Abc*. Se mantenía enterado de los acontecimientos culturales, novedades en libros, exposiciones, teatro. Todo lo que surgía lentamente en un país como España sometido en aquel momento a una dictadura.

Desde nuestra llegada habíamos pretendido ir a Cracovia, pero hacía falta un permiso especial que podía tardar dos o tres semanas en llegar. Así que decidimos renunciar al viaje y fuimos a sacar el billete de regreso a París antes de gastarnos todo el dinero en pagar el hotel, comer en los restaurantes que íbamos conociendo y en los que teníamos que luchar para que Stanislaw se dejara invitar, aunque le asegurábamos que queríamos gastar todo el dinero en Varsovia.

Nuestra pretensión de pagar el vuelo a París en slotys fue inútil. Había que pagarlo en divisas.

Nuestra situación nos pareció de momento alarmante. No podíamos tratar de conectar con

España, puesto que estábamos en el país sin visado español. Sólo había una solución: tratar de localizar a Tasio, mi hermano, que vivía en Washington en ese momento, y pedirle que nos enviara los billetes desde allí.

Así lo hicimos y a través de Air France nos llegó enseguida la reserva para el día solicitado.

El día antes de irnos fuimos a dar un paseo por las afueras de Varsovia. Hacía calor y era agradable asomarse al campo.

Stanislaw quería enseñarnos un lugar muy concreto. Era un pequeño bosque de arbustos y árboles poco frondosos, dispersos y claros. Avanzamos hasta un punto en que había tres o cuatro tumbas entre la maleza, separadas unas de otras. Sobre las tumbas y enredadas en las cruces se inclinaban rosales silvestres cargados de rosas. El lugar era silencioso y melancólico.

«Hasta aquí llegaba el frente de batalla —nos dijo—. Estas tumbas son de soldados alemanes y rusos. Se ha respetado su cercanía. Ésa es nuestra historia. Siempre entre los alemanes y los rusos...».

Al día siguiente nos acompañó al aeropuerto. Volábamos con Air France a París, en un vuelo que venía de Moscú.

Stanislaw nos despidió emocionado. Me llevó un ramo de rosas silvestres del bosque que habíamos visitado juntos. El vuelo Moscú-París venía muy lleno. En Varsovia sólo subimos nosotros. La azafata nos pasó directamente a primera clase. Nos sirvieron una copa de champán y brindamos por aquel viaje, por aquel país, por el libro recién traducido y la amistad de Zembrznisky.

*

Aquel mismo año del «contubernio» yo había participado en otro acontecimiento político: una manifestación de mujeres madrileñas en solidaridad con las mujeres de los mineros asturianos que habían sido represaliados y torturados.

Creo que fue la primera manifestación de protesta en grupo, en plena Puerta del Sol, y por supuesto la primera manifestación de mujeres, delante del Ministerio de la Gobernación. Era el día de San Isidro, patrono de Madrid, día de fiesta y toros.

Yo fui con Gaba, mi hermana, y con varias amigas y conocidas.

Nos reunimos unas cien mujeres a las doce de la mañana y enseguida la policía intentó disolvernos. Como no lo consiguieron, nos fueron deteniendo en grupos e introduciéndonos en el edificio del Ministerio, lugar famoso y siniestro en aquella época.

Se nos habían unido dos hombres, Fernando Baeza (que había ido con Mary) y José María Moreno Galván; los dos fueron detenidos.

En los sótanos del edificio nos encerraron en dos grandes celdas separadas con un pasillo en medio, por el que circulaban los guardias que nos vigilaban. El ánimo era excelente. A lo largo del día, durante las doce horas que duró el encierro —de doce de la mañana a doce de la noche aproximadamente—, nos fueron llamando en pequeños grupos y tomando declaración en diferentes despachos para devolvernos luego a las celdas.

Esta operación se repitió varias veces, de modo que al final del día nos habían interrogado dos o tres policías diferentes a cada una.

Pasadas las doce de la noche decidieron soltarnos y al salir tuvimos que firmar la aceptación de una multa de cinco mil pesetas (de entonces) por «perturbación del orden público, manifestación no autorizada, etcétera».

El recibo de haber pagado esta multa tuvimos que presentarlo cada vez que cruzábamos la frontera, durante bastante tiempo.

Recuerdo que aquel día no pasé miedo en ningún momento. Quizá porque éramos un grupo numeroso y en él había muchas amigas y conocidas. Tampoco me intimidaron los interrogatorios que iban encaminados a detectar si había conexiones importantes entre grupos y personas. El comportamiento con nosotras fue seco, frío e insistente, y machacón en las preguntas.

Años más tarde viví otra situación «peligrosa», y en esta ocasión inesperada.

Una mañana, al entrar en mi banco habitual, el banco en que tenía la cuenta del colegio en Serrano y al que iba con frecuencia, observé que estaba cerrado y que no salía nadie a abrir. Desconcertada, estaba a punto de marcharme cuando, a través de los cristales, vi a un hombre joven y desconocido que abría la puerta desde dentro.

Para mi sorpresa no había nadie detrás del mostrador. El hombre que me había abierto, me dijo: «Siéntese», y así lo hice no sin antes preguntar: «¿Aquí?» —señalando un sillón vacío—. El hombre, delgado y nervioso, con la cara crispada, hizo un gesto de asentimiento y con un giro muy castizo, gritó hacia alguien que estaba en algún lugar del interior de las oficinas: «¡Que es para hoy!...».

Ya hacía tiempo que me había dado cuenta de que se trataba de un atraco. Había siete u ocho personas sentadas en bancos y sillones. Todos estaban silenciosos y miraban al suelo.

Yo obedecí y al sentarme coloqué mi bolso un poco a mis espaldas y traté de protegerlo absurdamente con un abrigo amplio de piel que llevaba porque era un día muy frío de invierno.

Entraron dos personas más que fueron dirigidas por el que abría la puerta hacia el otro extremo de la oficina, con la misma orden: «Siéntese».

Al poco tiempo, un nuevo joven salió del interior de las oficinas con una bolsa de deporte aparentemente llena.

Cuando alcanzó al que estaba fuera, éste nos advirtió:

«En cinco minutos que aquí no se mueva nadie...»

Así lo hicimos, pero enseguida observé que la gente sentada tenía una reacción muy curiosa. Una vez que los atracadores salieron y pasaron los cinco minutos, en un silencio total, todos se lanzaron a la puerta y empezaron a salir a la calle sin hablar, uno detrás de otro, huyendo de un peligro que ya había pasado.

Mientras tanto los empleados, que habían sido obligados a tirarse al suelo, fueron saliendo de detrás del mostrador. Yo me acerqué a ellos y estuvimos comentando durante un tiempo el suceso, el susto, el miedo.

Al día siguiente volví para hacer la gestión que había quedado en suspenso por el atraco y me enseñaron el vídeo que había grabado toda la sesión y en el que se distinguía claramente a los dos atracadores.

Esta anécdota del atraco durante el desarrollo de la cual no pasé miedo alguno, unida a la de la Puerta del Sol, me han hecho reflexionar muchas veces sobre el origen del miedo.

«¿Por qué —me preguntaba— no tuve miedo en esas dos ocasiones?». Investigar sobre mis reacciones y las de los demás es un juego apasionado que practico con frecuencia.

Lo que más me sorprendía en mis reflexiones es que yo soy muy miedosa, hasta tal punto que nunca he podido pasar una noche sola, dormir sola en ninguna de las casas en las que he vivido. Ni cuando vivía con mis padres, ni cuando me casé, ni cuando he sido mayor. No puedo quedarme en casa sola toda la noche. Puedo esperar tranquilamente que alguien regrese a altas horas de la madrugada, pero no puedo meterme en la cama y dormir.

Cuando esta situación de soledad se me ha planteado, alguna vez he llegado a resolverlo yéndome a un hotel. Porque sorprendentemente las habitaciones de hoteles desconocidos, cualquier hotel y en cualquier sitio, nunca me dan miedo. Quizá porque el hotel está vivo, despierto constantemente. Y siempre se puede llamar a recepción, hay un portero de noche, un vigilante, un responsable que guarda el sueño de los clientes. Además, a mi alrededor hay un espacio abarcable, el de la habitación por grande que sea, incluido el salón si se trata de una suite, y soy consciente de la presencia invisible de personas desconocidas que habitan

otras habitaciones a mi alrededor y eso me tran-
quiliza.

Esta conciencia de la cercanía de otros seres humanos es para mí fundamental. Quizá por
eso me encuentro muy bien en las grandes ciudades y tengo la sensación —muy personal y por tanto nada dogmática— de que en las grandes ciudades, duras, pobladas de gentes de razas y países
diferentes, la soledad es más aparente que real.

La solidaridad espontánea se produce si nosotros creemos en ella y estamos dispuestos al contacto momentáneo, la comunicación espontánea
con los otros.

La gran ciudad es de todos. Nadie conoce
a nadie. Pero siempre hay alguien que sonríe si son-
reímos, pide disculpas torpes o educadas si nos em-
puja sin querer. Sé que hay un argumento irreba-
tible: la violencia en las grandes ciudades. Es cierto,
pero contando con que en la selva ciudadana hay
fieras, hay depredadores, hay peligros, me parece
que las agresiones son, en mi opinión, el resultado
de las injusticias sociales, los desajustes económicos, las vidas marginales que transcurren entre la
desesperación y el desarraigo de una precaria supervivencia y que podrían haber sido diferentes
si sus condiciones de vida hubieran sido más humanas.

Y también es cierto que en una aldea, con
un mundo de relaciones interpersonales, inevitablemente cercanas y diarias, puede haber un trasfondo de odios soterrados, heredados y alimenta-
dos por mezquindades, intereses, desencuentros que
no se aclaran nunca y que, en el mejor de los casos, impulsan cada vez más a algunos de los con-

vecinos —jóvenes— a emigrar huyendo de herencias tan desagradables y en busca de horizontes más amplios.

Volviendo al análisis de mis propios miedos, he llegado a explicarme a mí misma que cuando el peligro es real —y relativamente moderado como en las dos situaciones que he recordado— actúa el razonamiento inconsciente como defensa. «Esto no es tan grave», nos decimos vagamente. Y, además, en los dos casos citados hay algo muy importante para mí: un interlocutor, en un caso el policía que me interroga, en el otro el atracador con el que yo puedo hablar, razonar.

Creo tan firmemente en el diálogo que esta creencia actúa en mí como defensa contra el miedo. Por supuesto, en situaciones que encierran un riesgo limitado, riesgo que evalúa quizá de un modo absurdo mi percepción de la realidad.

Los otros miedos, los que pueden paralizarme momentáneamente, mientras mi corazón late acelerado, son los miedos que se derivan de situaciones no controladas, de origen desconocido. El miedo inexplicable que aparece en el silencio de una casa vacía y que dispara la imaginación, el miedo injustificado, tiene mucho que ver con la imaginación. El miedo a la oscuridad que arrastra el hombre desde las cavernas es el resultado de la indefensión ante posibles peligros que pueden asaltarnos sin verlos. La imaginación trabaja aceleradamente en esa oscuridad. En la conciencia de la soledad y de un silencio total, la imaginación desmesura los susurros, las sombras, los cambios perceptibles pero mínimos que alteran nuestro entorno solitario.

De modo que el miedo puede producirse obedeciendo al peligro percibido como real, en cuyo caso es un miedo razonable. Y también puede existir el miedo a la indefensión de la soledad frente al peligro imaginado. Miedo a lo posible imaginado. Y también, el más absurdo y torturador, miedo a lo imaginado imposible. Imposible pero imaginado.

Hay otros miedos que me asaltan con frecuencia, pero son miedos comunes a todos. Miedo a la muerte y, más aún, miedo a la enfermedad incurable, a la incapacidad física, a la destrucción de lo que constituye nuestro yo, esa estructura personal que es el resultado de una receta genética y una influencia social —la educación en un sentido amplio— del mundo que hemos vivido. Ese yo que tanto depende de nuestra circunstancia.

*

Los sesenta estuvieron llenos de viajes. En octubre del 64 volvimos a Estados Unidos, vía Londres, donde nos detuvimos unos días. Durante un mes dimos conferencias en distintas universidades norteamericanas. En algunas los dos, en otras Ignacio solo.

Al mismo tiempo visitamos ciudades que nos interesaban y nos quedaban de paso: Chicago, Nueva Orleans, fueron nuestros nuevos y fascinantes descubrimientos americanos. E inevitablemente el paso por Nueva York, nuestra querida ciudad.

En Washington pasamos unos días con Tasio, que entonces estaba en la International Financial Corporation, y con Betty, su mujer, que había nacido en Shangai y trabajaba en el Banco Mundial. Desde el primer momento nos sentimos cautivados por su encanto oriental, su personalidad, su alegría y su refinamiento. Cuando pocos años después se vinieron a vivir a España, se integró en nuestra familia con facilidad.

Ese mismo curso Ignacio fue invitado a dar conferencias en Aix-en-Provence y en Marsella a través de Lucien Castela, profesor universitario, amigo y traductor de sus novelas. La Costa Azul nos deslumbró. Como en casi todo, no podíamos eludir las referencias literarias. Recordábamos las estancias de tantos escritores conocidos en cuyas novelas se aludía a la Costa.

Y tantas películas...

En Niza conocimos a un hermano de Jorge Semprún, que nos invitó a una cena deliciosa en su apartamento del Promenade des Anglais.

Con Lucien recorrimos la Costa hasta Italia. Con él visitamos el Museo Picasso, y la casa de Blasco Ibáñez en Mentón.

*

Mario Camus ya había rodado una película sobre un relato largo de Ignacio que reflejaba el mundo del boxeo, *Young Sánchez.*

Mario, además de un amigo muy querido, era un entusiasta de la literatura de Ignacio, y desde que leyó *Con el viento solano* estaba barajando la idea de hacer una película sobre la novela. En 1964 escribió el guión y la película se puso en marcha. Para el personaje principal, consiguió tentar a Antonio Gades, el excepcional bailarín que se adhirió al proyecto. La película, rodada en el año 65, nos gustó mucho.

El personaje de Sebastián Vázquez le iba a Gades como anillo al dedo. La huida del gitano por los pueblos de Castilla, los encuentros con personajes secundarios bien caracterizados y la agonía de la huida hasta el desolador final, nos había conmovido. La película fue seleccionada para ir al festival de Cannes y allá nos fuimos, un pequeño grupo relacionado directa o indirectamente con el film. A pesar de que no fue premiada, la experiencia fue interesante.

Cuando la he vuelto a ver hace poco tiempo, volví a experimentar la misma sensación de autenticidad a lo largo de toda la película, y una vez más me asombró el extraordinario trabajo de Mario y Antonio.

La amistad con Mario ya existía y continuará siempre. La amistad con Gades se afirmó. Nos vimos en Ibiza un verano en el que él fue a bailar y pasamos ratos maravillosos juntos. Cuando Ignacio murió, Antonio puso el nombre de Ignacio a su único hijo varón, que nació poco después de la muerte del amigo.

En el invierno del 65 Ignacio se fue a La Graciosa, la isla que le había fascinado la primera vez que recorrió las Canarias.

Era una huida de Madrid, que le perturbaba y le distraía. Era también una crisis personal, un momento de dudas, de replanteamientos literarios y vitales, de reflexión y autoanálisis.

Su atracción por las islas siempre fue una constante en su vida y en su literatura. En Ibiza nos habíamos comprado un terreno en una cala, entonces «salvaje», para hacer una casa y retirarnos allí algún día.

Su libro juvenil de poemas, *El libro de las algas,* es un homenaje al mar. Y a las islas:

Islas de oro soñadas en los días
de biblioteca y de pereza cálida.
Aquel sextante, eterno y olvidado,
que un alto sol guardaba en la penumbra
de la vitrina de las cosas raras,
aquel sextante trajo vuestros nombres
sin mácula de islas remotas. Dulces
islas nunca nombradas en los mapas.
Islas de oro tan sólo, islas tan sólo
y un abismo de luz abierto al alma.

Durante el mes que permaneció en La Graciosa, Ignacio pensaba trabajar en una novela que le obsesionaba: *Años de crisálida,* la historia de un grupo de jóvenes de su generación con distintas profesiones y, como trasfondo, la historia de España. Pero no avanzaba en el proyecto. Vivía inmerso en la atmósfera de la isla y sus habitantes y el resultado es una novela que escribirá al regresar a la Península: *Parte de una historia,* publicada en 1967.

Él creía que era su mejor novela. Yo estoy de acuerdo, como lectora fidelísima, y muchos lectores y críticos también. Creo, además, que con esta novela se inicia una nueva etapa literaria de Ignacio. En *Parte de una historia* se introduce un personaje nuevo, el propio escritor.

La primera persona permite al novelista expresar sus sensaciones, sentimientos, estados de angustia, a la vez que es testigo y fiel narrador del naufragio en la isla de un yate, con un pequeño grupo de extranjeros, que llevan a la isla la resaca de un mundo civilizado y decadente. La isla, el paraíso, va a ser contaminado durante un breve periodo de tiempo por la intrusión de unos seres ajenos, destruidos, que arrastran consigo la tragedia.

Después de *Gran Sol,* la novela del mar, del trabajo, con resonancias épicas, Ignacio vuelve al mar y convive con los pescadores de la isla. Lo mismo que en el barco de *Gran Sol,* hay una situación claustrofóbica. Como el barco, la pequeña isla es un mundo cerrado sobre sí mismo. Los personajes que en ella habitan son de una autenticidad y riqueza sorprendente. El lenguaje que el escritor recrea, las descripciones bellísimas del paisaje, la convivencia que se respira en el pequeño núcleo de habitantes. Un mundo en el que se refugia el escritor huyendo de la ciudad perturbadora y donde se encuentra con un hombre maduro y responsable, el alcalde, el jefe natural de la isla, la encarnación del «padre» que aparece también en el patrón del barco de *Gran Sol* y en varios cuentos de Ignacio. Un personaje muy querido por él, que le escucha y le serena con su conversación pausada y sabia.

Parte de una historia fue seleccionada para el Premio de la Crítica entre las favoritas y quedó finalista en la reunión que falló este premio en enero de 1968. La ganadora fue *El mundo de Juan Lobón*, de Luis Berenguer.

Este último fracaso fue también la última decepción literaria de Ignacio, dos años antes de su muerte.

La década de los sesenta, luminosa, brillante, llena de vida, encerraba al final una catástrofe.

El 14 de noviembre era viernes. Fuimos al cine Ignacio y yo y a la salida nos reunimos, como muchas noches, con unos amigos: Juan Luis y Victoria Pérez Mulet, en Nacho's, un lugar que frecuentábamos por esa época, regido por un amigo.

Desde allí nos invitaron a pasar por su casa y tomar una copa. En una grata y larga conversación, se habló de todo un poco.

Recuerdo —lo tengo grabado a fuego— que Ignacio introdujo una de las frases que le servían muchas veces de apoyo para algo que iba a decir después. «Yo no sé si me voy a morir mañana, pero...», dijo. Y seguía la afirmación o la negación o el análisis de una situación política, un proyecto literario o cualquier otro asunto que reforzaba con su introducción.

El sábado 15 por la mañana Ignacio tenía que reunirse a las once en casa de Domingo, donde habían quedado citados para ir a una tienta en un pueblo de la sierra, con Javier Pradera y otros amigos.

Yo le dije al marcharse: «Si conduces tú, ten cuidado...».

Era mi estúpida advertencia, mi empeño constante en prevenir accidentes, en evitar situaciones peligrosas a mis seres queridos.

Un deseo angustioso de protegerles. Mis miedos. El miedo a una imprudencia, un descuido, un error. Ignacio no era así y se reía de mis precauciones. Cuando yo le decía: «No fumes tanto, no bebas, duerme, come...», me contestaba con una frase de Ortega que le gustaba mucho: «La vida, como la moneda, hay que saber gastarla a tiempo y con gracia». Ignacio sabía que las previsiones de nada sirven. Que no hay manera de protegerse, ni fórmulas mágicas, ni elecciones de vida sabias.

Ignacio era el ser más entusiasta y alegre, con un sentido del humor extraordinario. Él necesitaba saber que los que le rodeaban estaban bien. Pero yo creo que su alegría, su sentido del humor, su aparente frivolidad al abordar algunos temas —no soportaba los «asnos solemnes» que pretenden dar a todo un tono doctoral y dogmático—, escondía una profunda y lúcida percepción del verdadero destino del hombre. Con frecuencia aludía a la brevedad de la existencia. Hacía suya una propuesta americana: *«To live fast, to die young and to leave a good-looking corpse».* *

Ese sábado, ese 15 de noviembre, ese año 1969, en casa de Domingo Dominguín, Ignacio se sintió mal. Tomó una aspirina. Dijo: «Es un aviso». Y todo terminó.

---

* Vivir deprisa, morir joven y dejar un cadáver de buen aspecto.

Ese sábado, Susana estaba en casa de unos amigos, María y Pepe Vela Zanetti, que celebraban su cumpleaños. Cuando la trajeron a casa por la tarde, se abrazó a mí y me preguntó: «¿Por qué?». Todavía no he sabido contestar a esa pregunta.

Al día siguiente, el día del entierro de Ignacio, fue impresionante la afluencia de amigos, conocidos, desconocidos, que se acercaron a nuestra casa.

Aquella casa de Blasco de Garay en la que el portero optó por condenar el ascensor temiendo un contratiempo ante el aluvión de gente que intentaba subir a nuestro ático. Ese día oí a una mujer decir, cerca de mí, compadeciéndome: «Pobre, qué horror, y todo esto sin creer en nada». No sé quién lo dijo o quizá lo supe y lo he olvidado, pero recuerdo que la frase se me quedó grabada. Yo sabía que se refería a creencias religiosas y, en aquellos momentos, mi reacción fue una amarga sonrisa de labios adentro. Creer en Dios ¿hubiera aliviado mi dolor? Enérgicamente, rotundamente, me contesté: «No». El paraguas de Freud no me hubiera servido de nada.

He respetado siempre las creencias de los demás. Pienso que a algunos les ayudará a vivir y a morir. Pero he visto a pocos que no se rebelen ante la muerte de un ser querido.

El drama eterno del hombre es nacer para morir. Y he aceptado la muerte.

*

En las vidas que se prolongan durante cierto tiempo, hay un «antes y un después». Las circunstancias que provocan ese corte son muy variadas.

El punto de inflexión que marca esa división viene dado a veces por un acontecimiento histórico —por ejemplo, una guerra— que incide decisivamente en la vida personal de cada individuo. De tal modo que lo que llega después es consecuencia de ese momento crucial y altera las previsiones, los proyectos, las esperanzas anteriores. Pero, en muchos casos, el corte lo provoca un suceso inadvertido para la mayoría, un suceso que influye en la vida de un determinado ser humano y decide, de forma inexorable, su futuro.

Dice Bertrand Russell en su autobiografía: «Es peligroso dejar que nuestro afecto se centre demasiado en una persona».

Muchas veces he recordado esta cita en los años que siguieron a la muerte de Ignacio que cambió mi vida para siempre.

Al principio, todo fue una nebulosa cargada de dolor.

Ignacio murió un sábado y yo me incorporé al colegio el miércoles siguiente. Creo en el trabajo como terapia, la única terapia psicológica eficaz. Dormía mal y el despertar por la mañana era horroroso. Recogía mi coche y conducía llorando hasta Serrano. Pero al entrar en el colegio todo cambiaba. La atención que exige el contacto con los demás, la necesidad de resolver problemas y afrontar situaciones variadas, todo obliga al autocontrol, a la concentración en lo inmediato. A la difícil y aparentemente imposible normalidad.

La jornada terminaba a las seis de la tarde. Después de una última reunión informal, el regreso a casa era un reto. Pero era afortunada porque allí tenía a Susana, regresada de sus clases extras de francés.

Susana fue mi protectora desde el primer día, desde la primera noche solas, cuando todo había terminado e Ignacio se había ido para siempre.

Entonces tenía quince años y maduró deprisa. Fue la fuerte, la enérgica. Me salvó la vida, al menos la vida activa, sana, normal. Ahora que han pasado treinta y cuatro años sigue siendo mi salvación.

Ha heredado de su padre la alegría de vivir, el deseo de hacer la existencia grata o amable a los que la rodeamos. Su sentido del humor, su sensibilidad, su inteligencia, su generosidad Aldecoa, justifican la razón de mi existencia y la lucha que he mantenido conmigo misma para sobrevivir.

*

La Navidad del 69 la pasamos en Madrid, con mi familia, y el Año Nuevo en Málaga, con los Alcántara. Creo que fue una buena idea, porque el afecto entrañable de nuestros amigos, la casa sobre el Mediterráneo, la luz, el sol, todo fue un bálsamo para aquellas fechas tan especiales. La década de los setenta empezaba inexorablemente. Y había que seguir adelante.

Absolutamente todos nuestros amigos más cercanos se desvivieron por nosotras. Domingo y Carmela, los Camus, los Alcántara, los Fernández Santos, los Quinto, los Azcona, los Castro, los Pérez-Mulet, los Baeza... Carmen Martín Gaite escribió un hermoso artículo; lo tituló «Un aviso: ha muerto Ignacio

Aldecoa: los años cincuenta han entrado en la historia». Lo cierto es que aquella muerte había sido, para todos los que le conocían, un primer aviso, un terrible aviso sobre la fragilidad de la existencia. Un aviso que, por desgracia, se vio confirmado con el paso del tiempo en otras muchas desapariciones prematuras.

Cuando llegó el verano del 70, cumpliendo el proyecto que Ignacio y yo teníamos, envié a Susana el mes de julio a un colegio al sur de Inglaterra. Y me quedé sola en Madrid.

Aparte de la atención permanente de los míos, nunca olvidaré lo que fue para mí el hogar de los Camus, Mario y Concha, que me acogieron durante largas tardes de charla o de silencio.

Los niños a nuestro alrededor, la casa con jardín en la que vivían, todo era grato y confortable. Y la sensación clara de que compartíamos el dolor por la ausencia de Ignacio, a quien los dos querían mucho.

Allí acudían a veces otros amigos, como José Luis Borau o Claudio Rodríguez, y el encuentro me hacía recuperar, durante un rato, una engañosa normalidad.

Tasio y Betty me acompañaron a Londres en agosto para recuperar a Susana y con ellos pasamos unos días en casa de una pareja amiga, él descendiente de Madame de Staël. También visitamos a otros amigos que tenían casas en el campo y al regresar nos quedamos los cuatro unos días en París. A la vuelta, Susana y yo nos detuvimos en San Sebastián, donde pasamos una semana y nos vimos con las Bergareche, Concha, la mujer de Camus, y Asun, su hermana, que llegó a ser una de mis mejores amigas.

Cuando murió Ignacio yo aparté de mi vida todo proyecto literario. Sólo permanecí fiel a la lectura, alimento imprescindible para seguir viviendo. La pasión que nos unía a Ignacio y a mí tenía profundas raíces en la literatura. La literatura fue desde el principio nuestro lazo de unión. Comentar lecturas, bosquejar proyectos de escritura, discutir, pedir crítica y consejo sobre lo escrito, y luego rechazarlo ambos.

Imaginábamos una vida pletórica de viajes. Para luego retirarnos definitivamente a un lugar donde se pudiera vivir y escribir. Leer y charlar. Nadar, tomar el sol. Y contemplar los ocasos en el porche de una casa sobre el mar. Como los contemplábamos desde la terraza de Los Albares, con la primera copa de la tarde en la mano. El lugar era Ibiza, donde habíamos comprado un terreno en Cala Carbó, al oeste de la isla, una cala maravillosa, entonces virginal.

Ese futuro se esfumó y años después yo vendí, a un alemán, el terreno de Cala Carbó.

*

La literatura es un trabajo solitario. Para conseguir la concentración total que exige la escritura es indispensable sumergirse en la soledad. Por eso me parecía imposible volver a escribir. En soledad hay que afrontar la verdad, toda la verdad. Detenerse a reflexionar, a recordar, a imaginar.

Por el contrario, la educación es un trabajo en equipo, se desarrolla en contacto con otras personas: niños, profesores, padres. La educación me obligaba a salir de casa, a ver gente, a escuchar sus problemas y tratar de ayudarles a resolverlos. Me daba también la oportunidad de comprobar que nadie es feliz del todo ni del todo desgraciado. Que la vida está hecha de luces y sombras, de calor y frío.

El colegio fue mi tabla de salvación. Me aferré a él con la instintiva tenacidad del náufrago. La década de los setenta fue una década de consolidación de la supervivencia.

El verano de 1971 decidimos trasladarnos al norte. Los Camus tenían una casa familiar cerca de Comillas y nos animaron a alquilar algo en la hermosa villa sobre el mar de Cantabria. Nos pareció una buena idea y sobre todo nos tentó la proximidad de unos amigos queridos. Mónica y Teresa, de la famosa fonda La Colasa, nos alquilaron un piso en su misma calle. Fue un verano triste pero reconfortante. El cielo gris, la lluvia que abundó aquel verano, ejercían sobre mí un efecto deprimente, pero en todo momento estuve acompañada por la familia Camus. Y me alegró comprobar que Susana salía con un grupo de chicos de su edad, gracias a Isaac, un sobrino de Mario, hijo de su hermana mayor.

Yo había olvidado el paisaje del norte de España. Las primeras experiencias del mar en Asturias, los cursos de verano en Santander, en Las Llamas, durante la etapa universitaria. O las breves visitas a Zarauz, donde veraneaba Teresa, la hermana de Ignacio, y donde dejábamos a Susana con sus primos durante unos días, para regresar a Vitoria y estar con los padres de Ignacio y con sus amigos de juventud.

Recuperar el norte, recorrer la costa, hacer excursiones al interior, a los bellísimos pueblos de Cabuérniga, Liébana. La montaña fue una experiencia que lenta e insensiblemente me fue ganando y llegó a dominarme por completo en los años siguientes. Un noviazgo adolescente surgido entre Susana, dieciséis años, e Isaac, diecinueve, me hacía sonreír. Las anécdotas risueñas y los enfados que desencadenaba la nueva relación en mi hija me distraían y me hacían recordar mi propia adolescencia.

Por otra parte, había recibido en el curso anterior una invitación para pasar un cuatrimestre en Bloomington, Indiana, una de las universidades americanas que habíamos visitado Ignacio y yo en el 64. Se trataba de dar un curso de literatura española del primer nivel y otro para posgraduados sobre la novela española de posguerra. En aquel momento no me sentí con fuerzas, pero les prometí que lo haría en el curso 1971-1972. John Dowling, el *chairman,* aceptó mi propuesta. De modo que a finales de agosto de 1971 emprendimos viaje a Estados Unidos. Un nuevo viaje, esta vez con Susana, a un país en el que tantas y tan intensas sensaciones había vivido con Ignacio.

Los Berlanga, viejos amigos, se enteraron de nuestro viaje y como José Luis, su hijo mayor, era compañero de Susana en el colegio, me pidieron que lo llevara conmigo a Bloomington para seguir el mismo curso cuatrimestral que iba a hacer

Susana. Acepté encantada porque José Luis era y sigue siendo encantador y Susana y él se llevaban muy bien.

Aterrizamos en el aeropuerto de la universidad un día caluroso de agosto. Desde el primer momento, el profesor Dowling y todos los profesores del departamento de Español fueron para mí los mejores y más sensibles compañeros. Allí estaba un amigo, Miguel Enguídanos, con Gloria, su mujer, y sus hijos. Toda la familia Enguídanos fue para mí una gran ayuda en todos los aspectos; el más importante, su afecto y su generosidad.

Bloomington ejerció un efecto beneficioso sobre nosotras. Todo en el campus era agradable. La vida cotidiana, el ambiente universitario, el tiempo libre.

Susana y José Luis se matricularon con la máxima rapidez y facilidad en la *high school* anexa a la universidad donde iban a seguir el equivalente a su último curso de bachillerato español. En cuanto a mí, los dos cursos asignados fueron especialmente gratos. Las facilidades de un programa flexible y unos horarios comodísimos me permitieron leer y trabajar muy a gusto y asistir en el tiempo libre a conciertos, reuniones, *parties* en las casas de los profesores, al tiempo que los Enguídanos nos ofrecían un verdadero «hogar» siempre abierto.

Cuando llegó el día de *Thanksgiving*, Susana y yo fuimos a pasarlo a Nueva York, invitadas a su casa por la adorable Beatriz Braude, que había sido la encargada de organizar todas mis actividades en el curso 1958-1959.

A Susana le entusiasmó la ciudad. Desde entonces la hemos visitado muchas veces, en una especie de peregrinación sentimental que yo había transferido a Susana y que ella asumió con intensidad.

Otro viaje inolvidable que hicimos juntas desde Bloomington fue a la Universidad de Flagstaff, Arizona del Norte, donde me invitó un estudioso de la obra de Ignacio, el profesor Carlisle, que había publicado un libro sobre él.

Flagstaff es una universidad con un buen número de alumnos indios navajos. Allí leí la conferencia en inglés porque iba dirigida a estudiantes de distintos departamentos.

La entrada del edificio principal, los pasillos, las puertas, lucían pósters y dibujos alusivos al *Red Power,* el poder de los «pieles rojas».

Carlisle nos llevó a hacer una excursión al Gran Cañón del Colorado atravesando la reserva de los navajos, en medio de unos grandes bosques, donde tienen que arrojarles alimentos desde helicópteros durante las grandes nevadas. Los navajos hacen trabajos de artesanía con plata y turquesas muy interesantes.

El Gran Cañón es uno de los lugares en los que la naturaleza alcanza aspectos insuperables. La belleza de la luz, los cambios de color en la tierra según las horas del día, y el río abajo, en el más profundo de los cauces, todo hace del Cañón un lugar fuera del tiempo y del espacio. La nota histórica que nos concernía era la estatua de Ponce de León, al borde del Cañón.

Nada hubiera podido ser más reconfortante para Susana y para mí que aquellos meses de exilio dorado, lejos y momentáneamente separadas de lo que había sido nuestra vida en el último año en Madrid, donde el recuerdo vivo y lacerante de Ignacio nos acechaba a cada momento. Amigos que venían a visitarnos desde fuera de Madrid. Artículos de prensa. Correspondencia de todas partes de España y de las universidades extranjeras. Tesis doctorales en marcha, otras nuevas que me exigían contactos y me pedían informaciones y ayuda.

Los cuatro meses de Bloomington fueron una medicina pasajera, pero que contribuyó a serenarnos, a distraernos, a ayudarnos a seguir adelante.

Cuando se acercaban las vacaciones de Navidad, decidimos pasar en Puerto Rico las fechas obligadas y llegar a Madrid justo para reanudar el curso. La despedida de Bloomington fue conmovedora. Allí dejábamos muchos amigos. Y también a José Luis Berlanga, que iba a quedarse hasta junio en casa del *chairman* Dowling.

San Juan de Puerto Rico, con su mezcla de colonia española, cordial y cercana, y ciudad americana dinámica y desarrollada, fue nuestro destino para pasar la Nochevieja. Nos alojamos en el hotel El Convento, un edificio colonial en el Barrio Antiguo y nos fuimos temprano a dormir. A las doce de la noche llegó 1972 y se adueñó de las calles y los lugares de diversión que celebraban la fiesta.

Al día siguiente nos fuimos a St. Thomas, Islas Vírgenes, y allí pasamos el primer día de un año nuevo que nos devolvía, enseguida, a España. El clima era delicioso, y bañarse el 1 de enero en el Caribe, un privilegio.

*

El regreso, como era de esperar, fue desolador. Nuestra casa en Blasco de Garay seguía allí, vacía, deshabitada, angustiosa. Enseguida, familia y amigos nos arroparon. Se reanudaron las clases y nuestra vida en Madrid. Susana volvía con la convalidación del COU al haber obtenido el título de bachiller americano. Con la gran flexibilidad de los planes de estudio en Estados Unidos, la directora del *high school* me había invitado a organizar con ella el plan de trabajo de Susana para conseguir el título de bachiller en cuatro meses. Había asignaturas que podían convalidarse automáticamente, y otras, las que no figuraban en nuestros programas, había que estudiarlas, como Lengua Inglesa, Literatura en lengua inglesa, Historia Americana, etcétera. Fue todo sencillo, lleno de sentido común y a la vez riguroso, porque no se pasó por alto ni un detalle. Susana tenía que completar lo que había hecho durante el día en la *high school* con cursos extra que podían hacerse en horarios de tarde-noche y con trabajos por correspondencia, que tenía que ir entregando a lo largo del cuatrimestre. Curiosamente, en una asignatura que tenía que ver con la Teoría Política, la directora me dijo: «Puede hacer un trabajo sobre la *Rebelión de las masas* de Ortega. Es suficiente».

Susana había vivido bastante ocupada pero con tiempo suficiente para el deporte y otras actividades. Y José Luis no tenía problema porque iba a quedarse todo el curso.

En el Colegio Estilo todo había funcionado maravillosamente. Yo había dejado organizado hasta el último detalle con Gaba, mi eficacísima colaboradora desde el primer día que abrimos Estilo, y con las profesoras más experimentadas. Además, habíamos estado en contacto frecuente por teléfono y por carta.

Para compensar mínimamente los desvelos de Gaba durante mi ausencia organicé con ella y con Susana un viaje a Grecia en Semana Santa. Disfrutamos mucho de nuestra escapada. Las tres nos queríamos muchísimo y lo pasamos muy bien juntas.

*

Susana había terminado su etapa del colegio y se había matriculado en la Facultad para iniciar Filosofía y Letras.

Aquel verano del 72, Comillas nos acogió de nuevo. Mónica y Teresa volvieron a alquilarnos su piso. Cada día nos parecía mejor la elección de aquel lugar para nuestros veraneos, huérfanos de Ibiza y de un tiempo ya clausurado.

El clima sedante del norte y la belleza del paisaje, grises, verdes y azules, ejercía una especie de anestesia sobre mis nervios. Una profunda tristeza me invadía. Pero los colores fríos que me rodeaban me protegían. Eran mucho más soportables que la agresividad irritante del sol de la meseta o la alegría luminosa del Mediterráneo.

Ese año murió el padre de Ignacio y un nuevo capítulo familiar se cerró en nuestra vida. Susana adoraba a su abuelo. La abuela había muerto cuando ella era aún muy pequeña y apenas la recordaba. La desaparición del padre de Ignacio añadió un matiz nuevo de orfandad a nuestras vidas. Para mí, mis suegros habían sido los seres más afectuosos, desde aquella Navidad del 51 en que llegué para conocerles a Vitoria.

Ahora, sólo Teresa, su marido y sus hijos constituían el núcleo familiar de los Aldecoa. Junto a mis padres y mis dos hermanos, completaban un grupo reducido pero cercano y solidario en todos los momentos.

Con Mario Camus y Concha, su mujer, íbamos con frecuencia a Mazcuerras, por otro nombre Luzmela, rebautizado así por la casa de Concha Espina que se alza en el centro del pueblo. Mazcuerras es un pueblo cercano a Cabezón de la Sal, pequeño, tranquilo, rodeado de una naturaleza exuberante y en la frontera con el valle de Cabuérniga.

Allí vivía Isaac, el sobrino de Mario y novio adolescente de Susana, con sus padres, Soledad, la hermana de Mario, y Manuel Escalante, dueño de unos hermosos viveros centenarios que daban al pueblo un carácter especial. De hecho, figura en las guías como «el pueblo de las flores».

El río Saja a sus pies, la montaña a su espalda. Praderas, árboles y plantas en las huertas, flores en las ventanas de las casas montañesas. Tranquilidad. Paz. El tiempo parecía haberse detenido en aquel lugar amable y acogedor.

Susana estaba ilusionada con la compra de alguna casa en la zona para invertir parte del dinero heredado de su abuelo. Y puso sus ojos en Las Magnolias, una casa de indiano con un parque atractivo lleno de árboles y plantas exóticas. La casa estaba deshabitada y sus dueños, los Escalante, apenas la utilizaban. Tenían en el jardín una prolongación del vivero y, sobre todo, querían mucho esa casa cuyo jardín había sido diseñado por el bisabuelo de Isaac. Un día, los herederos del indiano vendieron Las Magnolias a la familia Escalante. Susana estaba decidida a comprar la casa. Así que iniciamos las negociaciones con Manolo Escalante y sus hermanos y nos la vendieron.

Las Magnolias es hoy mi verdadero hogar. A pesar de vivir en Madrid, a cuatrocientos kilómetros, la visito y habito con frecuencia.

Las casas ejercen sobre mí una fascinación especial. Por donde quiera que voy, en España o en el extranjero, contemplo las casas. Grandes y majestuosas, pequeñas e íntimas, estéticamente perfectas o caprichosas e irregulares, antiguas y modernas, las casas me atraen. Me gustaría entrar y recorrerlas, saber quién ha podido vivir en ellas antes, quién vive ahora. Lo que se ve desde sus ventanas. La luz o la penumbra que las habitan. Sufro frecuentes enamoramientos de casas en las que me gustaría vivir, absolutamente distintas unas de otras. Pasear por una ciudad conocida o desconocida, descubrir rincones, portales, puertas talladas y herméticamente cerradas que conducen a interiores misteriosos. Ventanas abiertas, cristales que dejan ver lo que hay dentro, como en las casas holandesas. Me gustan las casas como son, en su variedad circunstancial de épocas, de materiales, de climas diferentes y latitudes opuestas.

Siempre he sentido la Tierra como patria del hombre. Quizá por eso nunca he deseado la propiedad de una casa concreta.

Nunca he tenido el menor deseo de poseer, de ser dueña de un trozo de tierra, de esa tierra de todos y de nadie.

He vivido en casas de alquiler. Hasta hace unos años, cuando me he ido a vivir, como invitada de lujo, a la casa de mis hijos. Cuando ellos abandonaron su piso y se trasladaron a una casa —deliciosa— con un pequeño jardín en las afueras de la ciudad. Y luego están las temporadas que vivo en Las Magnolias, que, por cierto, pertenece a mi hija.

Ligera de equipaje, paseo lo que puedo por el mundo, deteniéndome ante calles y plazas y lugares de distintas ciudades que me atraen. Casas hermosas, misteriosas, diferentes.

Muchas veces pienso: «Me gustaría vivir en esta casa». Y añado, para mí misma: «De alquiler...».

A veces me pregunto de dónde me viene ese amor a la casa, el refugio, la guarida, el escondite. Hay un instinto nunca extinguido, me digo, que arranca de las cavernas prehistóricas. Pero no es sólo eso. Creo que hay también un deseo de explicarse las vidas que las casas encierran. Hasta qué punto dependen de sus dueños. Hay casas, por el contrario, que son inadecuadas para las personas que las habitan, que no las aman, casas que no son nidos sino rama de árbol para descansar un instante de un vuelo pasajero.

Y luego está la historia de las casas que han durado siglos. Qué pensaban, qué sentían, qué hacían los habitantes que han pasado por ellas. Qué dramas, qué alegrías, qué desencuentros han vivido esas casas.

Casas del norte y del sur, de costa y de montaña, de madera o de cemento.

Los sajones y su amor a las casas, *Home sweet home, My home is my castle.* Y el amor de los pueblos mediterráneos, que las encalan cada año y llenan de colores sus ventanas. Casas, casas. Techos y paredes protectoras. O prisiones en que viven seres torturados, incapaces de huir.

Hay casas que albergan mi biografía. La casa en que nací, la casa de mis abuelos. Mi infancia.

La casa sobre el Manzanares, mi primera casa con Ignacio.

El ático de Blasco de Garay, donde transcurrieron años muy importantes de mi vida.

Los Albares, en Ibiza, sobre el Mediterráneo.

Y Las Magnolias, en Cantabria.

De todas esas casas en las que he vivido, guardo buenos recuerdos. En cada una de ellas han transcurrido etapas y episodios inolvidables.

Pero de todas, la que más me ha ayudado a vivir es Las Magnolias. Porque llegué a ella en un momento durísimo para mí y la atmósfera sugerente de la casa, el clima suave y la belleza insólita del lugar, los estímulos sensoriales constantes, me alejaban de los escenarios que enmarcaron los tristes momentos anteriores. Lentamente, pasaron los años y la serenidad fue adueñándose de mí.

Y esta casa, en la que escribo estas líneas, me ha ayudado a conseguir la paz.

Fines de semana cortos o largos, dos meses en verano. Y la Navidad.

Las Magnolias me ayudó a renacer. El encanto de la casa y el jardín me cautivaron desde el primer día que la vi.

Los treinta años que llevamos viviéndola, disfrutándola en días, semanas, meses robados al vértigo de Madrid, la han convertido en nuestro «hogar».

Muchos de los muebles que hay en ella proceden de mis casas anteriores y una buena parte de la casa Aldecoa de Vitoria, donde a su vez fueron transportados en el siglo XIX desde el caserío Aldekoa, de Orozko, por los bisabuelos de Ignacio.

La casa grande, la que habitamos, tiene además muebles, cuadros y objetos nuevos que hemos ido incorporando con los años.

La casita del jardín acogió lo que yo llamo «los restos del naufragio». Allí instalé los muebles, los libros, los cuadros, todas las cosas más significativas para Ignacio y para mí durante los diecisiete años de nuestro matrimonio. Desde el grabado de la chimenea, *La pesca de la ballena,* que compramos un día, hasta el cabecero barroco de nuestra cama procedente del caserío Aldekoa.

Y lo más importante, la mesa de nogal sólida, severa, castellana, que fue el primer mueble que adquirimos, en el Rastro, para nuestra casa. En esa mesa escribió Ignacio buena parte de su obra.

Instalé en la casita la biblioteca personal de Ignacio. Una biblioteca que arranca de su adolescencia, cuando vivía con sus padres en Vitoria, y se fue completando en los años de estudiante en Salamanca y Madrid.

La biblioteca de Ignacio refleja perfectamente su rigurosa formación literaria, sus aficiones, sus descubrimientos. Desde la Colección Universal de Clásicos Castellanos de Espasa hasta los escritores del siglo XX que él llegó a leer. Desde la Austral al Libro de Bolsillo de Alianza Editorial. Desde Cenit y sus novelistas de la Revolución Rusa hasta Henry Miller. Desde las obras completas de Shakespeare hasta *Pedro Páramo.* Si releo al azar los títulos de esa biblioteca revivo momentos, días, años del pasado. Poesía, prosa, teatro. Recuerdo el entusiasmo de Ignacio cuando encontró en la Rive Gauche *Les Chants de Maldoror* en una edición preciosa, o *Les mains sales,* París, 1948; *The grass harp* de Capote, París, 1952; *Letters of D.H. Lawrence,* edición de 1941, regalo de nuestro amigo Dale Brown, en Washington, 1964.

Proust, Dickens, Chejov, la gran novela del XIX francés, inglés, ruso. Y el siglo XX: Camus, Malraux, Pavese, Scott Fitzgerald, Hemingway. Y los escritores de la América española: Miguel Ángel Asturias, Borges, Cortázar, Carlos Fuentes, García Márquez...

Y siempre el mar. Melville y su ballena, Conrad...

Los libros de viajes, de exploradores y aventureros. Los descubrimientos y las navegaciones. Una extensa colección de navegantes solitarios que le fascinaban.

Libros y libros que reposan en las estanterías de la casita-estudio de Las Magnolias.

*

Pasear por el parque de Las Magnolias me da paz. O me la devuelve cuando la he perdido momentáneamente.

Pasear entre los árboles, algunos centenarios, otros jóvenes que se convierten enseguida en adultos, es una delicia.

Abedules, hayas, el tejo shakespeariano, un castaño centenario, una sequoia californiana, un tulipero de Virginia, un tilo, un laurel. Algunos se extienden pradera abajo hasta el fondo del parque. Otros se yerguen en el centro del jardín.

Un invernadero con una estructura de hierro de hermoso diseño, hoy sin cristales y habitado por flores de temporada, añora la cálida atmósfera artificial que en el siglo XIX protegía las plantas tropicales.

A sus espaldas, un «olmo péndula» esponja su sombrilla verde, tupida de hojas apiñadas durante el verano y se convierte en un esqueleto de ramas desnudas cuando el invierno arroja al suelo sus hojas redondas y suaves. Los arces japoneses de delicadas hojas rojo oscuro y los arces dorados. El estanque circular, con la estatua de una mujer que esquiva con su brazo protector al lagarto que pretende trepar hasta ella, está semioculto por los frondosos árboles cercanos.

El esplendor del jardín estalla en verano. La fragancia del galán de noche nos envuelve en las noches cálidas cuando asomarse a una ventana es revivir las noches del barrio de Santa Cruz de Sevilla, de Nueva Orleans, de Coyoacán en Ciudad de México. Y los pájaros que habitan en los árboles del parque despiertan con su canto a los que duermen con las ventanas abiertas. Veintiséis especies diferentes reconoció un ornitólogo inglés que nos visitó un día con unos amigos.

El otoño es un alarde de oros, ocres, sienas. El paseo de las camelias en febrero y las azaleas y rododendros en abril. En mayo, el cerezo ornamental de flores rosa intenso.

En verano, las hortensias de porcelana azul, rosa, blanco. Las buganvillas moradas, las fucsias, las alegrías.

En cada época del año, las flores aumentan la belleza de los verdes caducos o perennes de los árboles. Y la enredadera que cubre la casita anuncia el paso de las estaciones, del verde intenso del verano, al rojo del otoño. Hasta que sólo queda la red de ramas secas entrelazadas que cubren en invierno la fachada.

Mido el tiempo en función de los cambios soberbios de la naturaleza. Una medida y una sensación que regresan desde el tiempo perdido de la infancia.

*

La década de los setenta encierra para mí una serie de recuerdos poco claros. La sensación de vivir en una nebulosa día tras día, avanzando casi a tientas con la inseguridad del convaleciente de una grave enfermedad. Sin embargo, de esa niebla protectora en la que yo estaba sumida, emergen hechos importantes. Hechos históricos nítidos, grabados de un modo indeleble, con la fuerza de su significado.

En esa etapa, sólo un espacio y un tiempo personales se sostienen firmes: el espacio y el tiempo del Colegio Estilo que fue la tabla de salvación a la que me aferré para sobrevivir.

Susana estudiaba su carrera en la Facultad de Letras. Había elegido Historia del Arte, pero cada tarde daba clase de inglés a un grupo de pequeños del jardín de infancia. Le gustaba el contacto con los niños y le gustaba enseñar.

Además, su excelente inglés le permitía cumplir su tarea con la mayor facilidad. Con ese pretexto vivía a mi lado las anécdotas diarias, las situaciones gratas o ingratas, los problemas económicos derivados de mi falta total de conciencia práctica. Y compartía conmigo las alegrías por los éxitos, pequeños éxitos diarios relacionados con la dinámica de la vida escolar. Su presencia teñía de una suave felicidad esas horas. A la vez que me vigilaba y me cuidaba, descubría que lo pasaba bien trabajando y aprendía el valor del esfuerzo.

En 1973 la muerte de Carrero Blanco conmocionó al país.

Fue un día muy especial porque era el día en que se veía el juicio de los líderes de Comisiones Obreras, el famoso Proceso 2001. Entre esos líderes estaban Nicolás Sartorius y Marcelino Camacho, que conocían ya las cárceles franquistas.

La tensión en Madrid era enorme. El Gobierno parecía estupefacto ante el atentado. La aparición de ETA en el panorama nacional provocó en aquella ocasión una reacción de sorpresa y admiración.

Creo que todos los que vivimos ese momento pensamos que algo empezaba a cambiar, a moverse. Pero sólo era un presentimiento, un deseo y una esperanza.

En 1974 Franco estaba enfermo. Se sabía, se rumoreaba, se observaba en sus escasas apariciones en televisión.

Los españoles, alentados por el cambio político de Portugal tras la famosa Revolución de los Claveles, estábamos nerviosos. Los optimistas decían: «Franco se morirá algún día...». Y los pesimistas contestaban: «O no...».

Franco estaba enfermo, pero seguía siendo el mismo. Y cerró su historial político con sangre. El 27 de septiembre de 1975 mandó a la muerte a cinco condenados: dos etarras y tres miembros del FRAP. Un pelotón cumplió la sentencia al amanecer, en Hoyo de Manzanares.

Dos meses después, el 20 de noviembre de 1975, a las seis de la mañana, la noticia corrió como la pólvora: «Franco ha muerto».

Aquel día, España se despertó al amanecer. Los teléfonos no cesaban de sonar. Las radios informaban constantemente. Luego, la noticia envolvió al país en un silencio momentáneo. Silencio y reflexión que fueron seguidos en muchos casos por una alegría nerviosa. Brindis con champán, llantos, canciones.

Yo estaba dormida cuando recibí la noticia, cuando el teléfono sonó y Paula Alcántara me dijo: «Ha fallecido». Y colgó.

«Final de capítulo», pensé. E inmediatamente me di cuenta de que estaba a punto de cumplir cincuenta años. Los cuarenta años de la dictadura cayeron sobre mí como una losa. Demasiado tarde para los que éramos niños en 1936.

Pensé en Ignacio, que había muerto sin vivir este momento, como tantos y tantos españoles. Una tristeza infinita me invadió. Final de capítulo, sí. Pero demasiado tarde.

Creo que en el subconsciente colectivo de los españoles había una pregunta que había germinado a lo largo de los años: «¿Después de Franco, qué?». Con miedo unos, con esperanza otros, los dos bandos de la guerra civil, o lo que quedaba de ellos, tuvieron que plantearse una realidad incuestionable: la realidad de un cambio.

Desaparecido Franco, los contactos entre distintos grupos políticos dan paso al proyecto de reforma política que es aprobado, en referéndum, por el noventa y cuatro por ciento de los españoles.

El 3 de julio de 1976, el nombramiento de Adolfo Suárez como presidente del Gobierno acelera el proceso del cambio. En su programa, Suárez promete, entre otras cosas, amnistía para todos los delitos políticos y de opinión, elecciones antes del 30 de junio de 1977, libertades públicas y de expresión, etcétera.

En la segunda mitad de los setenta, el pacto de una transición pacífica, sin revanchas ni miedos, aparece ya como la solución aceptada por todos.

La nueva situación, el deseo del pueblo español de aceptar la reforma política, excita a la ultraderecha, que provoca entre otros incidentes uno muy grave. El 24 de enero de 1977, un grupo de incontrolados irrumpe en un despacho de abogados laboralistas en Atocha y ametralla a nueve personas. De ellas, mueren cinco.

El entierro de las víctimas se convierte en una respuesta civil impresionante.

Desde las Salesas a Colón, en un silencio total, miles de personas demuestran con su presencia la repulsa a los criminales y el deseo generalizado de paz y libertad. Ni gritos de dolor, ni insultos, ni enardecidas amenazas. Sólo el silencio. Un silencio acusador y terrible que nos traspasaba a todos.

En su película *7 días de enero,* Bardem nos deja testimonio de aquel día.

La legalización del Partido Comunista de España en abril de 1977 fue otro hito de la reforma. Las elecciones de junio del mismo año representan la realización de un sueño aprisionado durante cuarenta años: el sueño de la libertad.

Aquella mañana del 15 de junio, los españoles, muchos con lágrimas en los ojos, vimos cumplido ese sueño ante las urnas. La democracia empezaba a funcionar. La muerte de Franco había dado paso a una nueva etapa.

Los hombres y mujeres que éramos jóvenes en los cincuenta rozábamos ya la madurez definitiva, la llegada a puerto de nuestro medio siglo. Sorprendidos, comprendimos que la parte más gloriosa de nuestra vida física estaba quedando atrás. Nuestros hijos, los hijos de los niños de la guerra, empiezan a ser adultos. Una nueva generación de españoles espera el relevo generacional y empieza a incorporarse a puestos de trabajo en cualquiera de las profesiones emprendidas, desde la más modesta a la más brillante.

El deseo de saber lo que ocurre más allá de nuestras fronteras, iniciado ya en los años sesenta, se generaliza. El aprendizaje del inglés se convierte en una obsesión para los padres con hijos en edad escolar. El inglés es valorado como un camino abierto a las oportunidades de trabajo. Los adolescentes y los jóvenes empiezan a viajar a Inglaterra o Irlanda, y un poco más adelante a Estados Unidos.

Los padres de los cincuenta quieren hijos preparados a nivel europeo.

El país despierta y se prepara para las evidentes consecuencias, todas ellas gratas, del fin de la dictadura.

En mi vida personal también se produce un importante cambio. El 1 de julio de 1977, a los quince días de las primeras elecciones generales, mi hija Susana se casa con Isaac Escalante Camus, a la temprana edad de veintidós años.

En 1976, llevada de mi deseo de ocupar las horas libres de mi vida y preocupada por las dificultades económicas del colegio, que entre paréntesis siempre habían existido, había intentado realizar el sueño de cualquier apasionado lector: abrir una librería. Una pequeña librería, un refugio en el que pasar, rodeada de libros, mi tiempo libre.

El proyecto se hizo realidad en un apartado rincón de la Castellana, entonces avenida del Generalísimo. Se llamó Librería Aldecoa. Los Auger, Clemente e Isabel, grandes y permanentes amigos, me ayudaron mucho. Isabel había abierto años atrás con Gabriela Sánchez Ferlosio una librería, La Tarántula, que era mi modelo.

Isabel me asesoró hasta límites exhaustivos y me facilitó enormemente la puesta en marcha de mi nuevo proyecto.

En el pequeño local había dos niveles. En el más alto organicé un rincón con unas butacas y una mesa donde los sábados por la mañana y algunas tardes, al cerrar, nos reuníamos los amigos en tertulia.

Yo seguía todo el día en el colegio y Gaba, siempre a mi lado en todos los proyectos, fue «trasladada» a la librería para ocuparse de ella por la mañana. Yo llegaba a las cinco, la hora de abrir por la tarde, a relevarla, pero casi siempre ella se quedaba conmigo.

A lo largo del curso comprendí que cada cosa, colegio y librería, requerían una entrega total y yo no podía asumir los dos trabajos ni someter a Gaba a la responsabilidad exclusiva de algo que ni siquiera ella había elegido. Por mi parte, decidí continuar con el colegio y traspasé la librería a mi sobrino Juan. No obstante, esa «aventura» fue para mí un empeño positivo de seguir adelante. Un esfuerzo por llenar mi vida de vida. Me sirvió, estoy segura, para instalarme con firmeza en la lucha por la supervivencia equilibrada, para rechazar la tentación de recrearme en cualquier forma de actitud morbosa en torno a mi vida personal. Nunca he resistido la autocompasión y tampoco la compasión de los que me quieren.

De modo indirecto, la librería iba a propiciar mi regreso a un camino que siempre había tenido claro, el camino de la literatura.

Un día se presentó en la librería, a poco de inaugurarla, un joven, Gustavo Domínguez, director de Cátedra, un espléndido sello dentro de Anaya. Me dijo que venía a saludarme y a proponerme que preparase un libro de cuentos seleccionados de Ignacio, con edición, prólogo y notas mías. «Imposible —le dije—, no podría».

Pero charlamos mucho rato y este primer encuentro fue el comienzo de una verdadera amistad. Pasó el tiempo y nos vimos varias veces en la librería. Lentamente, fue creciendo en mí un deseo, una tentación, un reto. Tenía que tratar de hacer el libro.

El argumento que yo daba a Gustavo —«No soy una erudita, una especialista en literatura como los colaboradores de tu colección»— fue cediendo dentro de mí a favor del argumento de Gustavo: «Se trata de que hagas el libro a tu manera. Escribe lo que quieras sobre Ignacio y su obra».

En el verano de 1978 lo intenté. Seleccioné con facilidad mis cuentos favoritos y dediqué horas a un texto-prólogo, que no era demasiado largo pero que me costó «sangre, sudor y lágrimas». De regreso a Madrid, tardé meses en hacer una selección de fragmentos de críticas y de opiniones literarias de Ignacio, extraídas de conferencias o entrevistas. Tenía poco tiempo libre a causa del colegio y era un trabajo doloroso que a veces rehuía. Lo pasé mal pero fue una verdadera terapia. Al terminar, supe que el hielo estaba roto y que volvería a escribir. Terminé el libro en 1979. Se editó en

Cátedra en 1980. Por primera vez firmé como Josefina Rodríguez de Aldecoa. Se trataba de que los posibles lectores —los asiduos de la colección sobre todo— se dieran cuenta de quién era yo, dado que en realidad los que nos conocían a Ignacio y a mí nos llamaban «los Aldecoa».

«Los Aldecoa, ya se sabe, vida y literatura y gastando lo que no tienen...», dijo un día un conocido. Fue muy lúcido. «Los Aldecoa, viajando, como siempre», dijo otro. Cuando lo cierto era que viajábamos tan poco para lo que queríamos viajar... Eran tiempos cerrados, de encierro.

«Ser escritor —decía Ignacio— es, antes que nada, una actitud ante la vida». Siempre estuve de acuerdo con esa afirmación. Los amigos decían que estábamos «aldecoholizados». Y también tenían razón.

El libro fue un éxito y las numerosas ediciones que han seguido publicándose no han dejado de venderse.

Animada por el interés que el libro había despertado, pensé hacer otro. Una memoria generacional. Un testimonio sobre mis amigos y compañeros de generación. Pensé titularlo *Cuentos de los niños de la guerra*.

Gustavo me aconsejó dejarlo simplemente en *Los niños de la guerra* y pasó a publicarse en una colección juvenil de cuentos clásicos de Anaya, Tus Libros.

En este libro había reunido diez cuentos de otros tantos escritores, cuyo tema era «la infancia en guerra». Cada cuento iba precedido de una semblanza literaria que yo escribí de cada autor, además de una biografía y un comentario sobre el cuento.

Los niños de la guerra tuvo buenas críticas. Y una larga entrevista en *El País* firmada por Rosa Pereda. Una entrevista llena de sensibilidad que siempre he agradecido a mi amiga Rosa. Era la primera entrevista «seria» que me hacían en la nueva etapa.

Así que Ignacio fue quien indirectamente me devolvió a la literatura, a aquel camino iniciado a su lado en los años cincuenta. Desde entonces, hasta el día de hoy, mi vida volvería a ser literatura y educación.

*

Ya en los sesenta se ha iniciado un tímido cambio sociocultural. Por ejemplo, en 1967 se acepta la coeducación y así nos lo comunica el ministerio a Estilo, que era uno de los primeros en implantarla. Pero es a finales de los setenta cuando el cambio histórico determina el verdadero cambio cultural. Los libros son fáciles de conseguir. La censura desaparece gradualmente. Un clima de libertad intelectual empieza a respirarse en el país.

Los jóvenes escritores —nuestros «hijos literarios»— se transforman y buscan nuevos temas y nuevas formas de expresión. Se ensaya el intimismo y la introspección. Se analizan las relaciones humanas, los conflictos, los desencuentros, la fantasía, la imaginación, lo onírico.

De modo absolutamente natural, y como consecuencia de la liberación que supone la llegada de la democracia, los escritores de los cincuenta tratan de vivir la experiencia de escribir en libertad.

Si repasamos los títulos de los autores de este grupo podemos observar cambios importantes en la temática y en la técnica, muchos de ellos sin renunciar, por supuesto, a su filosofía de la existencia, a su postura personal y crítica respecto del mundo que les rodea.

Con el ardor de las innovaciones, la literatura realista del compromiso y el testimonio se considera aburrida y carente de interés. Despectivamente, algunos llegan a etiquetarla como «la literatura de la berza».

Para entender una literatura, hay que comprender las condiciones históricas en que esa literatura se ha producido. Yo puedo hablar de la España en que nacimos y crecimos los que al empezar la guerra civil éramos niños y no tomamos parte en el conflicto pero lo vivimos con la sorpresa y el terror de la infancia. Los que fuimos a la universidad en los años de la Segunda Guerra Mundial. Los que en los años cincuenta teníamos veinticuatro o veinticinco años y empezábamos a hacer algo en nuestras profesiones.

Pertenezco a la que se ha llamado en la literatura española la «generación del medio siglo». Los conozco a todos. Muchos son mis amigos. Con ellos he vivido, he estudiado, me he divertido, he sufrido. He tenido el privilegio de ser la mujer de uno de ellos. De esa generación literaria, hija de la guerra, crecida en la anémica España de la posguerra, alimentada con la escasez, la desesperación, la cobardía y al mismo tiempo la rabia, el deseo de vivir, la avidez, la curiosidad por todo. Diez años en 1936, año más año menos, y cincuenta y tantos en los setenta, los amigos: Jesús Fernández Santos,

Ana María Matute, Carmen Martín Gaite, Ferlosio, Sastre, Aldecoa y yo misma.

En los setenta, teníamos ya hijos en la universidad, que de vez en cuando se desalojaba con tiros al aire. Y seguíamos perteneciendo a un país en el que se destrozaban cuadros de Picasso y se cerraba definitivamente un periódico. El único que se atrevía a decir que en España llueve algunos veranos, aunque asuste al turismo. Y hay epidemia de gripe en invierno que no conviene divulgar.

En estas condiciones es fácil decir que la literatura realista que se hacía en España no interesaba.

Los escritores y críticos de los setenta que despreciaban el realismo no pueden olvidar estas secuelas que, todavía, nos alcanzaban.

Hay que llegar a los noventa para que se produzca una reacción justa, de reflexión y memoria. Y se inicie una nueva valoración de la obra escrita en nuestro país durante los difíciles años de la dictadura. La obra de una generación de escritores conscientes de la realidad, que sacrificaron, como tantos españoles, sus sueños de libertad, europeísmo, cosmopolitismo.

Una generación delicada y sensible, con una formación literaria autodidacta pero exigente y amplísima, que se vio inmersa en una circunstancia histórica terrible y dio testimonio de ella en sus poemas y prosas.

En cuanto a mí, con la publicación al comienzo de los ochenta del libro-homenaje a mis amigos, necesitaba, inconscientemente, cerrar un ciclo de mi vida literaria.

En el plano familiar, el final de la década me reservaba un dolor y una alegría. En enero de 1979 murió mi padre. A los pocos días, el siete de febrero, nació mi nieto Ignacio. Este relevo familiar tajante y brutal me conmovió profundamente.

A poco de nacer mi nieto, cumplí cincuenta y tres años y mi nuevo papel de abuela me llenó de optimismo. Desde el principio tuve la suerte de tenerlo muy cerca porque sus padres vivían, desde que se casaron, en un piso enfrente del mío.

*

El comienzo de la década de los ochenta viene marcado por un sobresalto que estremece al país. El 23 de febrero de 1981, un sector de las Fuerzas Armadas intenta un golpe de Estado. Lo que sigue fue una película que vimos los espectadores de Televisión Española en nuestras casas.

Cuando el coronel Tejero irrumpe en el Congreso de los Diputados con doscientos guardias civiles, Gutiérrez Mellado se levanta de su banco y se enfrenta a los atacantes, que le agreden. Suárez se levanta también. Tejero dispara al aire. Gutiérrez Mellado sigue en pie durante el tiroteo y Suárez y Carrillo continúan sentados mientras el resto de los diputados desaparece bajo los asientos. Suárez increpa a Tejero, que le saca del hemiciclo y lo encierra bajo vigilancia. Tejero saca también a Gutiérrez Mellado, Rodríguez Sahagún, Felipe González, Alfonso Guerra y Carrillo.

Desde nuestros hogares, los españoles asistíamos estupefactos y horrorizados a las secuencias del golpe. Todavía hoy, cuando en alguna ocasión se proyecta de nuevo el documental, no puedo evitar las lágrimas. Creo que es el mejor documental que nos ha dado Televisión Española en toda su vida.

La mía ha tenido varios telones de fondo con desastres políticos.

La anteguerra, la guerra civil, la posguerra.

Demasiados para una historia de España que, como decía Gil de Biedma, «no me gusta porque termina mal».

Lo cierto es que el golpe fracasó y el 27 de febrero millones de españoles se echaron a la calle en manifestación de apoyo a la democracia y a la libertad. En Madrid, la manifestación iba encabezada por los líderes de los partidos. Todos estábamos con ellos.

En octubre de 1982, con la victoria de los socialistas, fuimos muchos los que vimos realizado un viejo sueño: la llegada, después de tantos años, de un Gobierno de izquierdas.

*

Durante mucho tiempo, la idea de viajar sin Ignacio me parecía añadir un nuevo dolor al dolor cotidiano. La experiencia de Bloomington —viaje y trabajo— me ayudó a recuperar un vago interés por salir de España. Pero no fue hasta la década de los ochenta cuando este interés cristalizó en viajes reales.

En el año 1980 se organizó un viaje oficial a Bujara para celebrar el milenario de Avicena, filósofo y médico árabe, nacido en Bujara en el 980 y que había vivido en Córdoba. El viaje a Uzbekistán incluía, además de Bujara, otras ciudades y, sobre todo, la mítica Samarcanda, que fue la gran tentación para que mi amiga Carmina Chamorro y yo nos apuntáramos al grupo turístico que se organizó paralelamente al oficial. Aquél fue el comienzo de una serie de viajes con amigos.

En 1982 volvimos las dos a la URSS, en esta ocasión a Moscú, Leningrado y Kiev, con un grupo de amigos, Isabel Auger y su hermana Maruja, el matrimonio Huet, Paco y Carmen.

Fueron viajes agradables a lugares más o menos exóticos, viajes turísticos. Londres sola o Nueva York con Ignacio fueron viajes muy significativos, plenos de descubrimientos, de experiencias intelectuales, de contrastes sociológicos y culturales. Viajes enriquecedores, inolvidables, que permanecen en mi recuerdo, que me han influido profundamente y forman parte de mi biografía. Los viajes de los ochenta, sin embargo, me ayudaron a recuperar el deseo de vivir.

La visión superficial y rápida de países complejos, lejanos en el espacio y en la cultura, me distrajeron de una indiferencia generalizada en la que se había sumergido mi vida desde la muerte de Ignacio.

De todos los viajes de esa década guardo cuadernos-diarios. Al releerlos, me ha sorprendido descubrir en ellos un cierto sabor de crónica viajera del siglo XIX.

Moscú, 1980:

«Entramos en el este atravesando la tarde. Dejamos atrás el sol a las dos y media. Empezó a brillar la luna blanca en el cielo intensamente azul. La velocidad del avión nos alejaba del sol que navegaba hacia Occidente. Rápidamente la luna brilló más, el cielo se oscureció, la noche fue entrando y penetramos en ella como en un túnel. En Moscú, nevaba. Esa noche visitamos la Plaza Roja. La catedral de San Basilio, iluminada como de luz diurna, brillaba con sus intensos colores. A las doce de la noche la plaza, inmensa, llena de gente que paseaba, parecía alegre y tranquila. Todos iban abrigados con sus pieles y gorros. Los jóvenes, sonrosados, de piel muy blanca y ojos azules, parecían felices. Paseaban en pareja, alegres y abrazados.

El río Moscova con sus gabarras grises, los palacios blancos, erguidos y aristocráticos, las enormes avenidas, los parques donde los niños juegan con la nieve... Pasamos ante la casa de Chejov. En un parque hay un modernísimo monumento a Tolstoi.»

Cuba, marzo 1983:

«La ciudad, en el atardecer, es primero el oro, luego roja. Una belleza indescriptible lo envuelve todo. El mar, el malecón, el cielo, la silueta negra de las casas.

En el rojo crepúsculo se van encendiendo las luces y un barco entra por el brazo de mar a la bahía...

En la carretera del este, frente a un cuartel, hay un mensaje:

Esa bandera,
Ese cielo,
Esta tierra
No nos la dejaremos
Arrebatar.

FIDEL

Nos llevan hacia las playas del este y nos desviamos a Cojimar. Una fortaleza, un monumento a Hemingway, un busto de bronce sobre un pedestal en un templete circular rodeado de columnas azules.

Una placa: el monumento lo dedica a Hemingway el pueblo de Cojimar y lo paga la cooperativa de pesca. Hay otra placa en la que también se le recuerda por inmortalizar el pueblo con su libro *El viejo y el mar.*

Recorremos el pueblo. Hay casitas pequeñas con una veranda de madera, una mecedora tosca, un chinchorro, un borde vegetal, un brote de plantas tropicales.

El flamboyán crece a los lados de las carreteras. Vamos al pequeño embarcadero de los pescadores. Hay un río que desemboca en el mar. Entre las dos orillas de exuberante vegetación, las barquitas. Un hombre nos dice: "Han pescado un tiburón pequeño".

Nos cuenta que hay carrera anual de pesca de aguja, torneo Hemingway. Santa María es una playa maravillosa de arena finísima. El agua verde esmeralda del Caribe, el sol, los pinos hasta el mar. El baño delicioso termina en un "saoco" de Coronilla, coco y limón, servido en el mismo coco.»

México, 1986:

«La llegada a México D.F. a las nueve de la noche es impresionante. Extendida en una llanura, se ve entera, iluminada y bellísima. Desde el aire recuerda un plano cinematográfico de una galaxia.

La visita al Museo Arqueológico Nacional, atravesando el Parque de Chapultepec es muy alegre. Hay muchos niños en el parque, chicos estudiando en grupo, familias.

El museo es una auténtica maravilla. Las proporciones, inmensas; la arquitectura, inspirada en los monumentos y pirámides precolombinas. Las frases poéticas de los cantos aztecas, mayas o toltecas, en las paredes de mármol, emocionantes. Magnífica la concepción de las salas correspondientes a la vida actual de esos pueblos.

Me impresiona la cantidad de niños y adolescentes que toman notas, apuntes silenciosos, correctos en las distintas salas. Unos cuantos nos piden que les firmemos en sus cuadernos. Otros, que respondamos a una encuesta de visitantes para un trabajo de su clase. Niños serios, respetuosos, amables, educados, los niños mexicanos. Preguntan: "¿Le gusta a usted México?". Pero también el taxista, la camarera del hotel, todos. Y cuando contestamos que sí, que nos gusta mucho, dan las gracias.

Coyoacán, "lugar de coyotes", es un barrio maravilloso.

Hay una fuente con dos coyotes y el palacio de Cortés, precioso, también tiene un coyote en el remate.

Coyoacán es una zona colonial, increíble. El palacio de Pedro de Alvarado, rojo con dibujos blancos. La iglesia barroca, bellísima. Tostitas de maíz y pan de semilla de amaranto.

Un "cilindrero" toca una canción de Raquel Meller. Compramos juguetes de madera y dos muñecas a unas "marchantas". La plaza tiene un quiosco de música con una cúpula de cristal de colores. Hay un árbol seco, justo frente a la casa de Cortés, que están tallando para hacer una escultura.

En la plaza hay mucha gente, y en la iglesia donde se está celebrando una misa también. Es imposible resumir la cantidad de puestos, tiendecitas, lugares de comidas. Hay pintores de acera que reproducen cuadros de Manet y Vermeer. Un barrio mexicano con el encanto de Montmartre. El color es un asalto constante.

El 14 de abril la televisión mexicana recuerda el aniversario de nuestra República. Libertad, una amiga española nos acompaña al mercadillo de San Juan, "curiosidades de México". Hay mucha artesanía, cerámica, juguetes. Al salir visitamos el mercado de alimentos. Allí solían comprar los exiliados españoles porque aquella zona, calle López, es donde fueron a parar la mayoría. Me emociona verlo. Libertad nos cuenta que su padre, cuando llegó, empezó vendiendo lapiceros por la calle (había sido "descifrador" del Gobierno republicano, nos dijo).

En el Colegio Madrid a los niños españoles exiliados les daban enseñanza, libros y comida gratis. El pueblo mexicano fue muy generoso con el exilio español.

En el mercado hay una tienda catalana —Libertad es catalana— que vende butifarra, chorizo, salchichas, jamón serrano. Libertad nos dice que llegó a México a los cuatro años y a los dieciocho se casó con Joaquín Carrillo.

Comemos con los Carrillo, que nos llevan a la casa de Frida Kahlo, la mujer de Rivera. La casa es bellísima y está muy bien cuidada.

Hay una exhibición de pinturas de Frida y de retratos de Frida hechos por otros pintores. En el jardín-patio, en blancos y azules, en la pared principal, una leyenda: "Aquí vivieron Frida y Diego, 1929-1954".

Y un retrato emocionante de Wilhelm Kahlo, con una leyenda en la que dice que el padre de Frida fue un hombre generoso nacido en Hungría. La casa está en Coyocán.

Puerto Escondido, en el Pacífico, tiene playas blancas y un mar violento en las costas abiertas. Puerto Ángel es una estampa tropical, chozas de palma y algunos barcos y pequeños yates. Una barca tiene pintado un dragón echando llamas en los costados. Lo tripulan dos niños que se acercan a la orilla y desembarcan un gran pez...

En las lagunas de Chacahuer, a cincuenta y siete kilómetros de Puerto Escondido, hay un poblado limpio y agradable con un restaurante que regenta un indio.

En medio de la selva, bosques con palmeras abrazadas y asfixiadas por otros árboles; la exuberancia vegetal es impresionante.

Hacemos una excursión por las lagunas. Los arbustos tropicales, enormes, entran en el agua. Hay grandes bolsas negras, que son hormigueros. Las garzas, las águilas, los pelícanos, aparecen por doquier. El sol quema pero no lo notamos por la velocidad de la lancha. Durante el recorrido tomamos mescalito, un delicioso aguardiente. Nos detenemos en un poblado en el que los niños se mezclan con los cerdos y las vacas en absoluta libertad. Vemos cocodrilos desde la lancha y pasamos a una playa de mar, al otro lado de la laguna. La puesta del sol es magnífica.

Oaxaca es una ciudad en la que se come pan en lugar de tortillas. El pan de Oaxaca tiene fama, especialmente el pan de yema.

La ciudad es extraordinariamente interesante y hermosa. Las calles, rectas, se cruzan entre sí. La altura de los edificios no sobrepasa los dos pisos. Las rejas españolas que hay en todas las casas y los colores mexicanos ofrecen la esperada imagen de la ciudad colonial típica. Los patios, los grandes portales, las iglesias. La Soledad es una iglesia en una plaza de grandes proporciones. Hay otra gran plaza en la que aparecen numerosos toldos de heladerías con sillas y mesas de hierro forjado. Para acceder a las plazas hay que subir unas escalinatas soberbias.

Paseando nos encontramos con la Casa del Chocolate, un lugar insólito. En el portal se exhiben trajes para niños que nos trasladan, como todo el lugar, a la época de la colonia. Son camisas de encaje, trajecitos de rayas de seda fruncidos en el borde de los pantalones y con una especie de gola como cuello. En un patio grande y con soportales, en tres o cuatro mesas, hay extranjeros tomando chocolate.

La plaza de la Catedral es una maravilla. Llena de bancos blancos de hierro y árboles, muchos árboles, flores, plantas, gente. Parece una ciudad andaluza, alegre y viva.

El Zócalo, la Plaza Mayor en México, es espléndida. Hay un quiosco en el centro de la hermosa plaza y en él está tocando la orquesta municipal.

Plazas, parques, calles hermosas. Oaxaca es una ciudad bellísima y conmovedoramente española. Los mercados son absolutamente mexicanos. En un abigarramiento espléndido se venden frutas, chiles, verduras, cacahuetes, higos. Todo colocado artísticamente en un juego de formas y colores. En el mercado también se venden trajes. La artesanía mexicana es inagotable. Cientos de trajes, blusas por todas partes. La cerámica, la madera, el latón, el tejido. La gente, extraordinariamente amable y cortés.

La Casa de la Cultura tiene libros muy interesantes. Es un palacio con tres patios soberbios y una biblioteca pública en la que a la vez se venden libros.

Compramos algunos muy bien editados y muy bonitos. En el edificio hay un hermoso eslogan: "Leer nos hace libres".

México, abril 1986. Un viaje lleno de sensaciones y descubrimientos memorables.»

India, 1986:

«El viaje a la India es un viaje a la historia. Más allá de su filosofía y su religión, la historia está en sus mercados, sus calles, sus tenderetes llenos de color, sus preciosos trajes que se arrastran por el polvo o el barro. La forma de aceptar las plagas, el hambre, la enfermedad, la escasez, son de otra época.

Saliendo de las grandes ciudades, dejando atrás los núcleos urbanos, los palacios, la arquitectura inglesa, las grandes avenidas, todo bellísimo, un viaje a la India profunda es un viaje a la Edad Media.

Eso es lo que inquieta y sorprende y apasiona en la India. Esa inmersión en el pasado. La impresión de que no hay más que artesanía. No hay desechos de la civilización. La miseria especial de Benarés es medieval. Así se debía vivir en otras épocas en Europa. Y aún quedan reductos en algunos países.»

Estos viajes, y un delicioso crucero con mi hija y mi nieto en el 88, dieron luz a una década que fue un auténtico regreso a la vida real. Tanto desde el punto de vista de mi estado de ánimo personal como por la evolución de España hacia la deseada y tanto tiempo ausente democracia.

Los largos veranos de Las Magnolias me proporcionaron un espacio y un tiempo perfectos para escribir. La casita del jardín me permitía el aislamiento necesario.

Allí me instalé, ante la mesa de nogal, junto a la ventana sobre el jardín y el estanque de los nenúfares y las ranas, tortugas y peces de mi nieto, que desde muy pequeño eran su pasión. Se pasaba horas contemplando en silencio los movimientos de sus animalitos acuáticos y yo, de vez en cuando, lo observaba desde arriba y suspiraba feliz.

El clima del norte en julio y agosto es fresco y estimulante en general. Hay días transparentes, luminosos, durante los cuales el bienestar físico aumenta las ganas de vivir. Y días brumosos y cálidos que desprenden aromas tropicales.

Hasta en los días nublados, el Cantábrico invita a pasear a su orilla. A lo largo de la playa de Oyambre, hermosísima, se ven los montes cercanos y, a lo lejos, las altas montañas cuyo perfil apenas se adivina con el abrazo de la niebla.

El descubrimiento de una naturaleza preservada aún, gloriosa en el paso de las estaciones y la suavidad de sus paisajes —la luz, el aire, el verde vegetal, la piedra gris de las casas; el finísimo manto de la lluvia, musical y serena, que abraza cada pedazo de tierra, arroyo, peña, sendero, prado, bosque—, todo me conmueve. El reencuentro con sensaciones dormidas de mi infancia en el norte de León me devolvió el vigor perdido y una sensibilidad renovada. La naturaleza y yo, sin interferencias durante días de paz, horas de silencio, sueños melancólicos.

La vida recobrada. Recobrado el placer de escribir.

*

En la década de los ochenta —en realidad, la década del 82 al 92, para ser más exactos— la sociedad española vivía una etapa de modernización. El afán de incorporarse a la dinámica de los países occidentales y democráticos, de los que habíamos estado aislados durante tanto tiempo, lleva consigo la necesidad de olvidar nuestra historia reciente, la guerra civil, la posguerra, la dictadura. Los años grises.

Europa es el modelo. Después del «golpe», la entrada en organizaciones como la Comunidad Europea y más tarde la Exposición Universal de Sevilla y los Juegos Olímpicos de Barcelona, son factores que contribuyen a fomentar el olvido histórico.

En literatura, este sentimiento generalizado se traduce en una actitud abierta a las corrientes literarias de otros países. Pasan a segundo plano los problemas colectivos, la justicia social, la solidaridad con los más débiles, típicas del realismo social. Rehuyendo la historia, la narración se vuelve egocéntrica y narcisista. El yo, sus problemas, sus vacilaciones, sus conflictos, pasa a ser lo más importante para el escritor.

El pacto con el olvido conduce a la cultura entendida como diversión, como entretenimiento. «La movida» es el resultado de esta postura. Subirats la explica así: «La movida neutralizó cualquier forma imaginable de crítica social y reflexión histórica (...) e introdujo, en nombre de una oscura lucidez, la moral de un generalizado cinismo».

Para José Carlos Mainer «la movida» es «una forma de hedonismo». Y señala, como síntomas de la posmodernidad, «su rechazo de la historia, el egoísmo estético y el abandono de la razón por el sentimiento».

*

La historia de la literatura, como la historia de la humanidad, está hecha en su mayor parte por hombres. La historia de la mujer es reciente. Casos aislados del pasado, mujeres notables de la política, la ciencia, la literatura, el arte, aunque importantes, no hacen historia.

El calificativo de «heroína» subyace en el asombro con el que se hace referencia a esas mujeres excepcionales y escasas que circulan, de puntillas, por la Historia con mayúscula.

Pero parece subsistir un empeño en la clasificación por sexos de cualquier actividad relevante. Y en el caso de la literatura, «la literatura femenina» sigue siendo tema de debate.

Un debate aburrido que nunca me ha interesado como tal. Me interesa la literatura, el acierto literario, el hallazgo rara vez conseguido. Entrar en consideraciones estadísticas es absurdo. Muchos hombres, pocas mujeres. En ambos casos, pocos escritores geniales.

Sin embargo, hay que tener en cuenta algo muy importante. Los personajes femeninos de la gran novela han sido creados por hombres.

Pensemos en el adulterio femenino y en tres ejemplos significativos: Tolstoi, Flaubert, Clarín. Ana Karenina, Emma Bovary y Ana Ozores son producto del talento masculino. Y el tratamiento dado a sus respectivos adulterios también es masculino. Un intento de análisis de la conducta de la mujer, una vigorosa y dramática exposición del proceso amoroso, da como resultado tres obras maestras. Pero yo me atrevo a decir que hay en el fondo un noble y generoso intento de compadecer a las respectivas protagonistas en las tres novelas.

Compadecer, sí, «padecer con» ellas, tratar de comprenderlas... y perdonarlas.

¿Podríamos hablar de «literatura femenina» si una mujer, en una novela, plantea el adulterio sin compasión pero con una clara comprensión del «delito»? ¿Puede un hombre analizar con la misma claridad que una mujer, lo que ésta siente, lo que la tortura, lo que la eleva al éxtasis?

El hombre puede. El hombre escritor lo ha hecho magistralmente a lo largo del tiempo. Pero es su versión la que da. Su versión de la conducta femenina como él la vive, como se ha vivido a través de los tiempos.

Cuando en los años ochenta inicio mi vuelta a la literatura son ya muchas las mujeres que escriben. La incorporación de la mujer a profesiones tradicionalmente masculinas es, a partir del siglo XX, un fenómeno imparable en el mundo occidental. Lentamente, a finales de siglo, también en España: médicas, juezas, arquitectas, escritoras.

No se suele hablar de medicina femenina, justicia femenina, arquitectura femenina. Pero sí de «literatura femenina».

Ahora bien, ¿existe una literatura femenina? Sí. También existe una literatura china, por lejana y ajena que nos parezca.

Lo más importante en ambos casos, *femenina* y *china,* es que sea una verdadera literatura. Lo de «femenina» tiene el mismo valor clasificativo que lo de «china».

Es un adjetivo que puede añadirse a la palabra literatura para tratar de señalar algún signo de identidad específico. Pero que no tiene nada que ver con la autenticidad o la calidad del fenómeno literario.

Ahora bien, con la «literatura femenina» o «hecha por mujeres», como se dice algunas veces para que suene a «más valoradas», ocurre que las mujeres lectoras son el gran soporte de esa literatura. ¿Por qué? No sólo porque en los tiempos actuales son las que más leen sino porque la mujer, desde la inseguridad que su sexo ha venido sufriendo —inseguridad intelectual, social—, siente una necesidad de identificación con los personajes femeninos de la literatura escrita por mujeres, en una búsqueda de su propia identidad o de las claves de su «estar en el mundo» como mujer.

Por experiencia confieso que una novela escrita por una mujer, una novela digna, despierta siempre mi interés como lectora. Quiero ver cómo nos vemos nosotras mismas. Quiero comprobar que la autora tiene puntos de contacto conmigo o que me descubre aspectos inéditos de lo femenino.

En cuanto a la relación hombre-mujer, creo que sería una buena ayuda para un psiquiatra —hombre— la afición a la «literatura femenina».

Los tiempos han cambiado y la igualdad de los sexos ha avanzado en muchos aspectos. Y cuando se trata de crear un personaje literario femenino, es natural que la mujer escritora se detenga en esa creación, trate de explicarse y de explicarnos por qué una mujer, en determinadas circunstancias, reacciona de una u otra forma.

En esa búsqueda, en esa indagación dentro de sí mismo que realiza el escritor, la mujer escritora «se pone en el lugar» del personaje femenino e inevitablemente transfiere a su personaje muchas de sus posibles claves de conducta. Lo cual no quiere decir que cada sexo deba limitarse a tratar de entender a sus congéneres, sino todo lo contrario. Nada más apasionante para una mujer que descubrir, a través de un personaje literario femenino, rasgos psicológicos, actitudes, conductas que nos transmite en una novela un escritor hombre. Nada más ilustrativo que su percepción del otro sexo, el nuestro.

Pero del mismo modo, ¿por qué existe esa indiferencia generalizada de los hombres acerca de la visión que de ellos da una mujer en una novela? La literatura escrita por mujeres parece que sólo puede interesar a las mujeres.

*

Cuando yo era joven, pensaba escribir una novela sobre la mujer que se iba a titular *La enredadera*. En aquel primer proyecto, perdido en la noche de los tiempos, yo pensaba en una «mujer-enredadera», que vivía a expensas del hombre en todos los aspectos. Que dependía de él, se aferraba a él y acababa asfixiándole con sus exigencias de todo tipo.

La mujer burguesa de entonces no trabajaba y no se identificaba en la mayoría de los casos con la vida profesional de su marido, cosa que a él, hay que hacerlo constar, le parecía correcto. Hubiera sido aquélla una novela juvenil, con buenas dosis de rebeldía y crítica de la mujer, de una mujer, de un tiempo y de una clase muy concretas. No hay que olvidar que la experiencia de mi salida de España, temprana —para la época—, y el descubrimiento en Londres de una sociedad evolucionada, insólita para mí, había acentuado posturas personales, en el fondo de las cuales anidaba mi infancia, la influencia de mi madre y mis lecturas.

Muchos años después, en plena madurez, aquella enredadera había cambiado de raíces y de interpretación simbólica.

La enredadera, que empecé a escribir inmediatamente después de *Los niños de la guerra,* era distinta. En la nueva «enredadera» trataba de explicarme las causas que han impedido a la mujer alcanzar las cotas más altas de poder, de representación social, de logros profesionales equiparables a los de los hombres. *La enredadera* era una novela sobre la condición femenina. Se publicó en 1983.

Veinte años después de su publicación, sigo estando de acuerdo con mis ideas de entonces. La mujer, creo, es víctima *malgré elle* de esa «condición femenina». La maternidad, en primer término, y la entrega al mundo de los sentimientos con una intensidad superior a la del hombre hacen que ella renuncie, salvo excepciones, a la lucha terrible que lleva al hombre a sacrificar lo mejor de su vida personal a favor de su papel de conquistador y regidor del mundo en sus diferentes escalas de importancia.

La mujer inteligente y preparada puede llegar a metas difíciles e importantes. Pero siempre que esa entrega al trabajo elegido no interfiera de modo decisivo con la estabilidad de su vida afectiva, de sus sentimientos, de sus responsabilidades como madre. En *La enredadera,* Julia, mujer sola, divorciada, madre de un hijo ya independiente, se debate entre un sentimiento amoroso actual por un hombre que le brindaría una vida aparentemente paradisíaca, lejos de la gran ciudad, y su necesidad de independencia, su fidelidad al camino profesional elegido. Y siempre, el mundo de sus sentimientos anteriores: el hijo, ausente-presente, el marido lejano con el que ha compartido lo mejor de su vida.

La novela se desarrolla en una casa en el campo que ha comprado Julia en busca de aislamiento para sus vacaciones. La casa que un indiano construyó un siglo antes y en la que habitó una mujer sola, Clara. De las dos mujeres, conoceremos su historia en contrapunto a lo largo de la novela.

En dos planos, Julia y Clara, capítulo a capítulo, viviendo en la misma casa, el mismo clima, el mismo paisaje, asistiendo a la evolución de cada una de las dos, de sus sensaciones, de sus reflexiones, su soledad. Partiendo de situaciones personales distintas, libre Julia, la mujer del siglo XX, abandonada Clara por su marido, prisionera en su casa y su jardín, un siglo antes, vemos por su historia que ambas son víctimas de su condición femenina, los sentimientos, la maternidad, «la enredadera».

Esta primera novela me liberó de muchas incertidumbres personales.

Creo que, en el fondo, el impulso que nos lleva a escribir es el mismo que el impulso que nos lleva a leer. En el primer caso, escribir, saber más de nosotros mismos y comunicarlo a los demás. En el segundo, leer, saber más de otros seres humanos que un día, quizá cien años antes, nos contaron en sus libros lo que ellos sentían y pensaban y cómo lo vivían.

La publicación de esta novela me incorporó de nuevo al «mundo literario» en la medida que supone la participación en charlas, coloquios, debates, entrevistas, mesas redondas, jurados...

La educación había sido en años anteriores la única causa de llamadas y peticiones de intervención en actividades en torno a temas de interés general, en foros, congresos, prensa o televisión. Con la nueva faceta profesional que empecé a desarrollar, mi tiempo libre —¿hasta qué punto tenía tiempo libre?— se fue llenando de estas actividades subsidiarias, progresivamente y de modo excesivo.

Porque éramos jóvenes salió a la calle en 1986.

Es una novela en la que el protagonista es un hombre que ha muerto y al que conocemos por medio de una técnica narrativa que se desarrolla en tres planos. El primer plano es retrospectivo y se repite en cada uno de los capítulos. El segundo reproduce las cartas que van llegando de una francesa, Annick, que tuvo un amor con el protagonista en una isla mediterránea, en un verano de los sesenta. El tercer plano se desarrolla en el presente. Una conversación, un encuentro entre la viuda reciente y el amigo íntimo del protagonista.

La ambigüedad, la postura ambivalente de Julián, siempre entre lo que dice ser, lo que los demás esperan que sea, y lo que realmente le atrae y, al final, elige, es el núcleo de la novela.

El vergel es mi tercera novela. La novela de una pareja que ha basado su existencia en un proyecto «perfecto» elaborado «científicamente» y que, a lo largo de la novela, se descubre como equivocado.

El viaje que la mujer hace a una isla atlántica en busca de las huellas de su marido, que ha permanecido en la isla «huido» de su propia vida durante una temporada, va desvelando misterios de conducta, rasgos de personalidad y de carácter de un hombre que ella creía conocer y que ha regresado de la isla como un desconocido.

El descubrimiento de la isla, el contacto con los personajes que han frecuentado al marido, el encuentro con un amigo de éste que la ayuda en su investigación, va produciendo en la mujer una verdadera transformación de modo que es ella, al final, la que descubre la inconsistencia del proyecto vital en el que había estado inmersa.

Mis tres novelas de los ochenta tienen un común denominador. En ellas trato de descubrir los móviles de las conductas, las circunstancias que han influido en estas conductas. Los errores que constantemente cometemos los seres humanos, hombres o mujeres, en busca siempre de la felicidad, el acierto, el acuerdo.

Creo que en las tres está presente mi visión personal del mundo y puede deducirse mi propia postura ante la vida, mi filosofía de la existencia.

Son novelas escritas en la España de los ochenta. Novelas que teóricamente podía haber escrito fuera de España. Así como los cuentos del libro *A ninguna parte* eran cuentos de los cincuenta, de una posguerra prolongada, durísima y represiva. Cuentos para ser englobados en el «realismo social», que históricamente había sido clausurado.

Casi siempre elijo protagonistas femeninas. Y en muchas ocasiones hay mujeres que acompañan a las protagonistas. Personajes secundarios, seres cercanos y solidarios, que se guían por su instinto y por la sabiduría de la experiencia vivida y el sentido común. Mujeres del pueblo experimentadas, generosas, que intuyen los problemas de otras mujeres, superiores en teoría, pero muchas veces solas y angustiadas. Esa compañía femenina, solícita y protectora, es un personaje que al parecer me tienta mucho porque surge bajo diversas personalidades y situaciones en casi todas mis novelas y en varios cuentos.

Creo que este homenaje literario, esta creación de unos personajes secundarios que, sin proponérmelo, han surgido al lado de mis personajes protagonistas, surge de mi propia experiencia. Desde que nació mi hija han compartido mi vida familiar muchas mujeres que me han ayudado y me siguen ayudando a seguir adelante con mi trabajo y que me han ahorrado horas y horas de una actividad necesaria pero monótona y estéril, la rutina del hogar, que ellas han hecho por mí. Amigas, generosas, solidarias, guardo siempre un recuerdo vivo y cariñoso de todas ellas.

Los ochenta fueron maravillosos en muchos aspectos pero se vieron ensombrecidos por la muerte de personas muy queridas y más jóvenes que yo. Teresa Aldecoa, la única hermana de Ignacio, en 1986, y Betty, la mujer de mi hermano, en 1989. Ambas eran para mí insustituibles. En una familia muy corta como es la nuestra, el peso de estas desapariciones fueron para Susana y para mí especialmente sensibles.

*

A finales de los ochenta, mi madre decaía por momentos. Su fortaleza, su salud, disminuían. Se apagaba la extraordinaria lucidez que le permitió hasta edad avanzada leer, pasear y hasta empezar a estudiar inglés en un intento, muy propio de ella, de saber más, con una curiosidad y una disciplina de trabajo que rigió toda su vida.

Vivía en su piso acompañada por Maica, una mujer inteligente y cariñosa que fue para mis hermanos y para mí una gran ayuda.

Cuando iba a verla y pasaba un rato con ella, mi madre se animaba y regresaba a su pasado. Comentábamos sucesos familiares y anécdotas de su juventud y de los pueblos que recorrió en sus años de maestra.

A través de sus recuerdos, iba reconstruyendo para mí, sin proponérselo, fragmentos de la historia de España, entre 1923, año en que terminó la carrera, y 1936, año en que pidió la excedencia voluntaria, poco antes de estallar la guerra civil.

Eran sucesos, lugares, paisajes que yo conocía, en parte porque los había vivido de niña y en parte porque había oído contar muchas veces las mismas historias, a las que mi madre añadía siempre algún dato perdido en la memoria y recuperado luego.

Un día me contó con todo detalle la boda de Franco, que ella recordaba porque entonces estudiaba en Oviedo su carrera de Magisterio. Me describía la expectación que la boda despertó en la ciudad. Los rumores de la gente: «Los padres de ella» no querían que se casara con «él» porque la familia de «ella» tenía mucho dinero y «él» no. Le llamaban «el comandantín».

La descripción del cortejo nupcial, contemplado desde una acera, me impresionó por la nitidez de su recuerdo. Otras veces había aludido de pasada a ese acontecimiento, pero nunca con tantos detalles.

En una de aquellas tardes de recuerdos y charla que tanto le gustaban, alguna vez pensé: esto de la boda de Franco es el comienzo de una novela. La historia de una mujer de la edad de mi madre que años después vive la guerra y un día recuerda esa boda...

Ése fue el germen, el arranque de mi novela *Historia de una maestra*. La escribí con la intención de recuperar esa memoria suya y mía, de los años de su juventud y de mi infancia.

Y enseguida pensé que era una obligación hablar de ella y de tantas maestras que, como ella, vivieron la República con entusiasmo y esperanza.

A pesar de los fallos de energía de mi madre —un día bueno, uno triste y silencioso—, yo procuraba hacerle hablar, distraerla y dejar que nuestras divagaciones tomaran el rumbo que ella quisiera.

De vez en cuando, introducía en la conversación anécdotas que tenían que ver con mi infancia, mis «ocurrencias» o travesuras que de pronto brotaban por asociación de ideas.

Fueron días cada vez más aislados, breves momentos de luz apagados por el ensimismamiento en que ella se sumía a ratos.

Hablar de aquella época, de aquellos conmovedores testimonios mínimos, comentarios aislados, sentimientos recuperados, flashes brillantes de un día concreto, fue un estímulo casual e inconsciente por mi parte que puso en marcha la recuperación de la memoria de una época lejana.

Me puse a escribir y terminé la novela en Las Magnolias en el año 89. Se la dediqué «A mi madre» y se publicó en el 90.

Ella sólo llegó a leer una pequeña parte. Al final vivía sumergida en la confusión y el desaliento. Murió en abril de 1991, a punto de cumplir ochenta y nueve años. Mi orfandad fue definitiva. Yo tenía siempre el temor de que el tema de la novela no interesara.

«Esta novela —me decía—, este mundo de la preguerra civil, la República, la Revolución de Asturias, la guerra, la vida de los pueblos, la pobre gente... no va a ser bien recibida».

Los ochenta, que acababan de esfumarse, habían sido años de brillantez. La recuperación de la libertad, el triunfo de los socialistas, la incorporación a Europa, nuestra apertura definitiva a un mundo que ya no era «ancho y ajeno».

Por otra parte, la novela española había dado un giro hacia modos y modas sofisticados y sufría influencias literarias de otras literaturas del mundo.

Durante los ochenta la sociedad española vivía unos días de euforia y tentaciones frívolas. Días de «amor y lujo y champán en copas negras», que era la broma que nos gastábamos los amigos cuando soñábamos con un porvenir incierto pero no tan negro.

Un afán de cosmopolitismo, mejoras materiales, alegría de vivir, habían sustituido a la oscura etapa final de la dictadura con sus coletazos represivos.

Por otra parte, el lema del pacto de la transición parecía traducirse en un «aquí no ha pasado nada».

Empezar de nuevo. Olvidar la guerra y sus consecuencias. Defender la democracia. De todos esos propósitos, muchos, como vimos después, se quedaron a medias. El hecho es que, en medio de los alegres cambios, la *Historia de una maestra* salió a la calle y, sorprendentemente, fue un éxito. Desde el principio fue bien acogida por la crítica y se empezó a vender muy bien.

Mis tres novelas anteriores habían pasado entre una atención correcta y respetuosa y una venta discreta.

El impacto de *Historia de una maestra* fue totalmente diferente. Enseguida salieron nuevas ediciones que hasta el día de hoy se suceden con bastante regularidad.

A raíz de su publicación, me llamaron de muchos centros culturales, institutos, universidades, asociaciones de mujeres lectoras, etcétera. En los coloquios inevitables y deseados me hacían preguntas que me sorprendían acerca del fondo histórico del libro, tan familiar para mí. Era bastante frecuente que un lector, sobre todo entre los jóvenes, me dijera que en el libro había encontrado reflejados sucesos que él —o ella— desconocían.

¿Cómo podían ignorarlo, españoles que habían estudiado una carrera o la estaban estudiando? Me preguntaba yo.

Comprobé que estudiantes de COU habían pasado sobre el siglo XX español de puntillas, con un ligero resumen de la guerra, esquemático y simple. Pero no sabían nada de otros sucesos previos y, por supuesto, de la historia de España anterior a la guerra.

Yo sugería a los jóvenes que preguntaran a sus abuelos y solían contestar que a los abuelos —los que vivían cerca— no les gustaba hablar de esos temas.

La novela termina en los primeros días de la guerra civil. En ese final la protagonista, Gabriela, la maestra, y su hija se han quedado solas después de que el padre, también maestro, fuera fusilado.

Yo no quería entrar en la guerra civil porque sobre ella se habían escrito muchos libros y muchas novelas, fuera de España y escritos por extranjeros.

Pero ante el interés mostrado por «mi maestra», varios amigos y algún crítico me animaron a seguir con su historia. Yo misma, una vez terminada la novela, sentía la necesidad de continuar contando la vida de aquella madre y aquella hija, a través de la guerra, el exilio y el regreso a España después de la muerte de Franco. Una historia muchas veces repetida en la realidad.

Podía ser, decidí, la historia de una mujer cuya vida abarca casi todo el siglo XX de la historia de España, desde 1904, año en que Gabriela nace, hasta 1982, en que muere.

La historia de la maestra se iba a completar con dos libros más, *Mujeres de negro,* que abarca la guerra y el exilio de las protagonistas, y *La fuerza del destino,* que arranca con la muerte de Franco y el regreso de Gabriela y Juana a España, para terminar con la muerte de Gabriela.

Escribir esta «Trilogía de la memoria» ha sido para mí un ejercicio de sinceridad narrativa y un profundo y constante análisis de la realidad histórica. Y algo que llegó a convertirse en una obsesión. La identificación absolutamente literaria que establecí con la figura de Gabriela durante el tiempo que estaba escribiendo me hacía sufrir.

La historia de aquella mujer luchadora, valiente, que dedicaba su vida a la educación en condiciones difíciles; su drama personal en la guerra, su exilio, todo lo que la convertía en una heroína anónima, me conmovía y me sumía en un estado de ánima, melancólico. Los acontecimientos históricos que se narran están creados partiendo de sucesos reales que yo he conocido, he vivido de niña y he oído contar a mi madre.

La historia de Gabriela que empezó en 1990 me ocupó casi toda la década. La última novela de la trilogía apareció en 1997.

Con frecuencia se pregunta a un escritor ante determinadas obras: ¿Es autobiográfica? Una pregunta un poco complicada.

Porque toda novela es una autobiografía. Y toda autobiografía es una novela.

Por las páginas de una novela se deslizan sensaciones, sentimientos e ideas que aplicamos a los personajes. Lo que hemos vivido o lo que hemos visto vivir a los demás, a los que nos han rodeado de lejos o de cerca, aparece a veces, en forma de un rasgo, una reflexión, una situación del personaje novelesco.

La elaboración, la interpretación, la transformación de las experiencias propias o ajenas es el trabajo del escritor. El escritor se pone, de alguna manera, «en el lugar de» los personajes.

La indagación en la propia vida y en la vida de los otros es el punto de partida de la creación literaria novelesca. Del talento, la profundización y el trabajo del escritor depende que sus personajes sean o no creíbles.

En algún momento de los noventa —creo que fue después de publicar *Mujeres de negro*—, en una Feria del Libro, un lector me preguntó qué había ocurrido para que estas novelas despertaran interés, y mucho, incluso entre los jóvenes.

Para contestar a esta pregunta hay que mirar al país y a sus circunstancias históricas en esos años en que yo vuelvo a escribir. A partir de la muerte de Franco y con la llegada de la democracia, una corriente de optimismo político sacudía a España. El sentimiento de que la guerra civil y sus consecuencias habían terminado definitivamente.

La transición supuso un pacto, en parte expreso y en parte tácito, de reconciliación nacional.

En el año 82, con la victoria socialista, la alternancia democrática funcionaba. Ahora se trataba de mejorar la economía, las condiciones de vida de los ciudadanos, la sanidad, la educación, la cultura. Se trataba de disfrutar de los bienes de consumo y también de asomarse a Europa y al mundo. ¿Y qué pasaba con la literatura?

Como es natural, también la literatura acusó el momento de la transición. Ya se podía escribir en libertad. Lentamente, otros jóvenes de nuevas generaciones se habían ido incorporando a las filas literarias a lo largo de los sesenta, y luego en los setenta y ochenta. Y era evidente que estos jóvenes estaban interesados en nuevas corrientes, nuevos modos de expresión, nuevas influencias exteriores.

En cuanto a los escritores sociales y comprometidos de los años anteriores, en plena madurez humana y literaria, también habían cambiado. Relevados de su obligación testimonial, abiertos ya los foros naturales de expresión ciudadana, la prensa, el Parlamento, la calle, para que la gente reclamara sus derechos, los escritores de los cincuenta se sintieron libres para escribir de lo que quisieran. Podían permitirse el lujo de cambiar de temas, estilos y tratamientos, elegir lo que probablemente hubieran elegido si las circunstancias históricas hubieran sido diferentes, desde el intimismo a la fantasía, desde el amor a los problemas surgidos de la nueva sociedad emergente. Temas libres para escritores libres.

También los años ochenta marcan un momento de esplendor en todo lo relacionado con la cultura.

El pacto de la transición fue necesario para terminar con los sentimientos que la guerra civil desató: el deseo de posibles revanchas y venganzas. El pacto implicaba el final de la herida brutal que abrió la guerra en tantas y tantas familias. Lo cual fue interpretado, erróneamente por muchos, como «no hablar» y sobre todo «no escribir» sobre esa guerra y sus causas, su desarrollo y sus derivaciones.

En mi opinión, absolutamente personal, creo que fue una reacción exagerada, que convirtió la transición política en España en un extraño fenómeno de silencio y olvido.

La legalización del Partido Comunista de España, que había sido el «ogro» de la dictadura, y el fracaso del golpe de Estado ultraderechista, habían llevado a un proyecto de futuro aceptado por todos: empezar de nuevo.

Deseosos de salir de la «patria-prisión» que había limitado nuestras vidas durante tantos años, parecía fundamental archivar el pasado y empezar de nuevo. Pero no olvidar. El olvido nunca es una solución a un capítulo de la historia por negativo que éste haya sido.

No se trataba de mantener vivas las heridas de un cruel episodio, pero sí de dar a conocer a todos un análisis frío y objetivo de las causas de la derrota de la República, de la guerra civil y de la dictadura que sufrimos los españoles durante cuarenta años.

Los historiadores y los investigadores sociológicos inician trabajos de este tipo, pero en la calle, en lo que llega al gran público, no. La autocensura en estos aspectos continuó funcionando. Pero a comienzos de los noventa se produce una situación importante. Los socialistas tienen problemas.

En este momento, podemos observar que el pacto de caballeros de la transición ha desaparecido. Los ataques brutales al PSOE por parte de la derecha van más allá de la crítica razonable a los errores que permite la libertad de expresión. La transición pacífica ha terminado. Ahora empieza una etapa áspera y beligerante. Y las conciencias despiertan. Los recuerdos archivados de muchos salen a la luz. La sociedad recuerda y se politiza.

Durante los años ochenta apenas se había escrito sobre el pasado. Se publicaron pocos libros de testimonio o artículos de relieve en la prensa contra los abusos, corrupciones y crímenes de la dictadura. La izquierda en el Gobierno respetó el pacto de buena voluntad.

Pero las cosas cambian. Los años noventa se estrenan con un alarmante descenso del optimismo anterior. En las elecciones del 93 los socialistas sufren un revés que se confirma en el 96. Pero no es sólo ese resultado electoral. Una oleada de preocupación se extiende por el país. Los ataques entre los partidos políticos se suceden, el enconamiento en las acusaciones mutuas, las campañas de descrédito, las situaciones delicadas de los nacionalismos, etcétera, hacen dudar a muchos españoles de esa transición pacífica e idílica... Y con un sobresalto una pregunta se introduce en la mente de muchos españoles: ¿Dónde hemos dejado la memoria? ¿Dónde está el análisis reposado y sereno pero ineludible de lo que fue la guerra, la posguerra y los cuarenta años de dictadura? Los pueblos no pueden olvidar su historia. Dice Santayana que «el pueblo que no conoce su historia está condenado a repetirla».

Tengo que confesar que tuvo que pasar algún tiempo para que yo me diera cuenta de lo que acabo de afirmar: que los años noventa marcan el final de la euforia de la transición. Y ésa era la razón del éxito de mi libro. Y un dato muy significativo:

que al mismo tiempo que yo escribía la novela, otros escritores, la mayoría de mi generación, habían empezado también a «escribir de la memoria». Todos habíamos sentido la misma necesidad, estimulados por causas distintas pero que se resumían en una verdad fundamental: *No se puede pactar con el olvido*. Hay que recuperar la memoria de lo que hemos vivido para dejar testimonio a los que vienen después, de la verdadera, profunda, humana historia de España. Esa historia que no se ve en los libros de texto de la Historia con mayúsculas. La historia pequeña de la gente, de lo que la gente sentía y vivía y sufría en aquellos años inolvidables.

Una corriente de exaltación de la memoria se extiende por el país. A lo largo de los años noventa aparecen novelas, ensayos y sobre todo muchas memorias. Memorias personales en torno a la historia de España en el siglo XX escritas por autores muy conocidos como, por ejemplo, Caballero Bonald, Castilla del Pino, Fernán Gómez, Marsillach, Oliart, Haro Tecglen, Jesús Pardo.

También aparecen novelas que nos recuerdan la historia, como las de Rafael Chirbes, Enriqueta Antolín, etcétera.

Cierto que la paz y la democracia estaban aseguradas. Pero el descubrimiento del error que supuso el olvido histórico de la transición se evidencia con toda claridad. A partir de ese descubrimiento, la memoria se convirtió en una bandera, en una reclamación, en la necesidad de dejar clara la historia vivida y aparentemente enterrada.

La literatura refleja esta situación. La aceptación inesperada y el interés producido en los lectores por mi novela *Historia de una maestra* están claramente relacionados con este fenómeno político de recuperación de la memoria. Los dos libros siguientes que completan la trilogía son también aceptados con mucho interés.

Como consecuencia de esta situación, sectores de la sociedad que habían permanecido aislados de los grandes problemas, entre ellos la educación, reaniman el debate político con una energía que va a continuar durante los comienzos del nuevo milenio.

El proceso no cesa. Por el contrario, en los últimos años de los noventa y los primeros del nuevo siglo, se multiplican los testimonios en forma de libro, reportaje periodístico, películas, documentales, debates. El silencio y el olvido han quedado atrás.

A partir del triunfo del Partido Popular en 1996, triunfo revalidado en el 2000, la vida política se convierte en un ataque mutuo permanente. La batalla derecha-izquierda, renovada. Estas circunstancias favorecen el resurgir de la memoria.

*

En noviembre de 1994 se cumplían veinticinco años de la muerte de Ignacio. En febrero de ese año, apareció un día un largo artículo en *El País* titulado «Aldecoa, un héroe». Lo firmaba Miguel García Posada, a quien yo no conocía personalmente. El artículo me emocionó y se lo agradecí mucho a su autor porque en aquel momento, al comienzo del año, era un recuerdo anticipado, un aviso, un toque de atención sobre esos veinticinco años que habían pasado sobre la obra de Ignacio.

En los meses siguientes, en el País Vasco se acordó, por parte del Ayuntamiento de Vitoria y la Diputación de Álava, conceder su nombre a una plaza y los nombres de algunas de sus obras a las calles que confluían en dicha plaza.

También se celebró un breve y emotivo acto en el parque de la Florida, delante de la Casa de Cultura, en el lugar donde se proyectó colocar una estatua de Ignacio. La estatua hecha por el escultor vitoriano Aurelio Rivas se colocó el día del treinta aniversario, el 15 de noviembre de 1999.

A lo largo de estos años ha habido un constante recuerdo de Ignacio en el País Vasco. En 1970 se inauguró un grupo escolar con su nombre en Vitoria y poco después otro en Bilbao. Un concurso de cuentos Ignacio Aldecoa, promovido y financiado por la Diputación de Álava en 1970, sigue concediendo un premio en castellano y otro en euskera cada año. Premio que han obtenido muchos escritores conocidos.

Siempre hemos agradecido, mi hija y yo, la atención constante que se ha concedido a la obra de Ignacio desde las instituciones y el cariño con que los vitorianos han asistido a conferencias de diferentes personas sobre su obra. En muchas ocasiones he sido invitada a participar en actos sobre Ignacio y dar conferencias en su ciudad.

En 1994 Juan Cruz, director a la sazón de la editorial Alfaguara, se puso en contacto conmigo para hacer una edición de todos los cuentos de Ignacio en su espléndida colección. Me encargó el prólogo que escribí con verdadero entusiasmo. Una magnífica fotografía de Carles Fontseré en la portada, Nueva York, 1958, nos muestra un Ignacio alegre y feliz en la Quinta Avenida. El tratamiento de la foto y la portada en general nos gustó mucho a Susana y a mí.

A esta publicación siguieron otras en la misma editorial, *Gran Sol, Parte de una historia, Neutral corner,* con prólogo de García Posada, y otra serie de atenciones editoriales como la publicación de tres cuentos de Ignacio en un librito, regalo de Navidad de ese año. Conocimos en aquella ocasión a Amaya Elezcano, actual directora de Alfaguara, y con ella nació una gran amistad.

También en Lanzarote se organizó un homenaje en 1994. Fue en la Fundación César Manrique, con asistencia de Juan Cruz, Gómez Aguilera y otros amigos. Y hubo mucha gente de esta isla y de La Graciosa. El simbolismo del lugar me estremeció. Ignacio y César, los dos desaparecidos prematuramente. Recordé las charlas de los veranos de los cincuenta, en la terraza de César en Madrid. En el texto que preparé para la ocasión, titulado «Ignacio Aldecoa en su paraíso», afirmé:

«No todos los hombres tienen la suerte de haber tocado con la mano el lugar de la Tierra donde está situado su paraíso. Ignacio sí. Ignacio lo descubrió el día que contempló por primera vez, desde el borde del acantilado, el perfil de La Graciosa.

Y no volvió a ser el mismo después de vivir en ella.

"He descubierto el Paraíso", me dijo cuando regresó a Madrid. "Iremos juntos algún día." Pero no fue así. Años después de su muerte vine sola. Y me asomé al mirador del Río y contemplé la isla tendida al sol, perfecta y hermosísima, como Ignacio la vio y la describió. Contemplé el Paraíso y comprendí que lo habíamos perdido los dos. Y tuve miedo de adentrarme en él. Miedo a sentir demasiado intensamente la ausencia de Ignacio.»

Desde el mirador del Río de César Manrique he contemplado La Graciosa año tras año desde mi primera visita a Canarias en 1978. Al fin, un día del 2001 me decidí a cruzar El Río, el brazo de mar que separa a la pequeña isla de la isla mayor. La Graciosa era como Ignacio la describe en *Parte de una historia.* Las playas de arena fina, los caminos de tierra por los que no circulan coches. Sólo hoy algún todo terreno. El pueblo ha cambiado, pero no en lo esencial. La gente es amable y cariñosa. Viven tranquilos en su isla, a la que ya llegan turistas en un barco que hace el trayecto desde Lanzarote y se llama *Isla de La Graciosa.*

Hay una escuela grande y blanca que lleva el nombre de Ignacio y un barco en el puerto del Ministerio de Agricultura y Pesca, el *Ignacio Aldecoa,* que se dedica a investigaciones submarinas.

Estos homenajes a un escritor que vivió en la isla y la amó y la convirtió en escenario de una novela me han parecido una muestra de sensibilidad que agradezco profundamente a quienes hicieron la propuesta y a quienes la realizaron.

*

En febrero de 1979, a punto de cumplir cincuenta y tres años, mi hija me había convertido en abuela. Tengo que confesar que ese acontecimiento no me deprimió ni me hizo sentirme vieja.

No todo el proceso de envejecer es triste. La vejez no siempre tiene límites claros para la vida activa física, social e intelectual, si contamos con una evaluación objetiva de nuestras verdaderas capacidades.

«La vejez no es una crisis, es una oportunidad de crecimiento», afirma Cecilia Hardwich.

En mi libro *Confesiones de una abuela* doy testimonio de ese «crecimiento» estimulante e inesperadamente enriquecedor que me proporcionó la relación con mi nieto Ignacio.

Cuando escribí esas «confesiones» Ignacio tenía dieciocho años y la verdad es que no le hizo mucha gracia que describiera su infancia y adolescencia, y menos aún la «tierna» fotografía de la portada en la que aparece en mis brazos con seis meses.

El libro está escrito con entusiasmo, y buenas dosis de humor.

«Ser abuela —escribí— es vivir un presente luminoso sin compromisos de futuro, sin temores, sin miedo a equivocarse... Ser abuela es vivir el amor en estado puro. No es irresponsabilidad o desinterés. Es el resultado de la experiencia. Sabemos que en nuestra propia vida nada sale como lo habíamos deseado, soñado o dispuesto. Y sólo la entrega cariñosa total puede servirnos, cuando somos abuelos, para ayudar a crecer al niño».

Cuando en marzo de 1996 cumplí setenta años, tengo que confesar que ni me estremecí. Instalada en una vejez serena y razonablemente sana, me aferré a lo que estaba viviendo.

«La vejez se apodera de nosotros por sorpresa», dice Goethe.

Y André Gide: «Debo hacer un esfuerzo para convencerme de que tengo la edad de los que me parecían tan viejos cuando yo era joven».

Lo cierto es que la percepción de la propia vejez es personal e intransferible. Coincide a veces con una enfermedad, un accidente, una tragedia personal. A veces no se puede determinar cuándo nos hemos sentido, por primera vez, viejos.

La vejez nos proporciona una perspectiva especial. Vemos desde lejos, con más claridad, lo que de cerca nos pareció un día terrible, insuperable, definitivo.

«Los ojos del espíritu sólo empiezan a ser penetrantes cuando los del cuerpo empiezan a decaer», dice Platón.

Por otra parte, el ensimismamiento en que la vejez nos sume, el desprendimiento de lo externo, nos distancia de lo que nos rodea y nos permite una mayor objetividad. La deslumbrante enajenación de los años jóvenes, el estar y vivir «en lo ajeno», fuera de sí mismo, queda lejos. Durante la vejez, la tendencia a vivir hacia dentro, a volver la mirada sobre uno mismo, al análisis de nuestras actitudes, reacciones, conductas, no es un fenómeno negativo. Al rechazar lo superficial, lo anecdótico, el anciano se refugia en un diálogo permanente consigo mismo. «Converso con el hombre que siempre va conmigo», dice Antonio Machado. Ése es el milagro de la reflexión introspectiva.

Pero ese vivir con nosotros mismos, esa mirada hacia dentro, enriquecedora y fértil, no supone el alejamiento de los otros. El contacto con los próximos es necesario y, especialmente, con los jóvenes. Los jóvenes están en posesión de una nueva visión del mundo que cambia por momentos. Y ellos pueden ser nuestros guías para caminar por él. Siempre que les dejemos que nos transmitan su captación inmediata de la realidad, su contacto directo con la vida, sin prejuicios ni interpretaciones impuestas por nosotros, los mayores.

Ahora bien, comparando la vejez masculina con la femenina, los estudiosos de este tema han encontrado, a veces con sorpresa, que las mujeres tienen más recursos vitales para afrontar la vejez.

Por una parte, su papel tradicional de centro de la vida familiar, papel que la mujer ha continuado asumiendo aunque trabaje fuera del hogar y del que no se jubila nunca. Por otra parte, su capacidad de relación social, que tiene matices diferentes a la del hombre. La mujer se acerca a los seres humanos en general, y a otras mujeres en particular, con una actitud solidaria y generosa. Desea ayudar a resolver emergencias, problemas, situaciones que van más allá de lo profesional. La mujer, sumergida desde siempre en el mundo de los sentimientos, está más cerca del sufrimiento y las dificultades de los demás. El hombre, mucho más hermético, incapaz de confesar sus sentimientos y menos aún sus estados de debilidad, afronta la vejez con más dificultad. Hay que tener en cuenta también otro factor decisivo: para el hombre, la vejez y la jubilación suponen una pérdida de poder, de ese poder que ha vivido en sus diversas formas a lo largo de la historia.

La sensación de fracaso, de descenso social, al menos en la consideración personal aunque también en lo económico la mayoría de las veces, puede conducir al hombre, en su jubilación, a una vejez frustrante.

La mujer no ha tenido el poder del hombre y no tiene que renunciar a él. Ha desarrollado relaciones afectivas y eso le sirve de apoyo. Ha descubierto que tiene tantas cosas pendientes que puede ocupar su vejez en cualquiera de ellas. Puede desarrollar actividades que le estuvieron vedadas en su juventud, aficiones culturales, por ejemplo.

Para la mujer, la vejez supone, en muchas ocasiones, la libertad. El «nido vacío», la independencia de los hijos, es para ella una liberación —sólo parcial, hay que admitirlo—, pero liberación alegre. Los hijos ya no la necesitan y puede dedicar su tiempo a lo que quiera. De hecho, hay muchas mujeres que no han trabajado fuera de casa y que, al llegar a los sesenta años, tienen por delante muchas oportunidades de vivir nuevas experiencias sociales y culturales.

Y las que han trabajado encuentran enseguida, al jubilarse, una ocupación sustitutiva y a veces más grata que las derivadas de su trabajo profesional. La profesora Hardwich, en sus investigaciones sobre la vejez, se quedó muy sorprendida al descubrir que casi todas las mujeres que investigaba aseguraban que la vejez es la mejor época de la vida. Y varias de ellas comentaban que tenían con sus nietos y nietas una amistad muy particular.

Hay un aspecto doloroso de la vejez. Cuando la vida se prolonga mucho tiempo, se convierte en una constante despedida.

Avanzar en el tiempo, sobrevivir, tiene ese precio. Las ausencias se multiplican y cada una es un desgarro. El tiempo vivido va acumulando ausencias. Algunas, como las de los padres, inevitables por ley natural. Otras, dentro de la familia, injustas, anticipadas y cercanas. Y los amigos, testigos de nuestra vida, con los que compartimos días y años de luchas, desencantos y alegrías, desaparecen. La muerte de un amigo nos disminuye. Abre una brecha de soledad en nuestra alma.

Ninon de Lenclos dice que los que viven mucho tiempo tienen «el triste privilegio de quedarse solos en un mundo nuevo».

Y Casanova asegura que «la mayor desgracia de un hombre es sobrevivir a todos sus amigos».

En cuanto a mí, lo que siento de la muerte es dejar de hablar conmigo misma, de contarme, discutirme, aplaudirme o llevarme la contraria. Porque yo soy mi interlocutor preferido. Mi único interlocutor fiable.

*

Cuando sonaron las campanas de despedida a 1999 —final de un año, final de un siglo, final de un milenio—, me dije a mí misma una frase que me he repetido muchas veces: «En España hemos perdido el siglo XX».

El título de Aldous Huxley *Brave New World*, traducido con ironía *Un mundo feliz*, justifica cada día más el sentido literal que el autor quiso darle. En mi opinión, es algo así como «¡Valiente nuevo mundo!».

La verdad es que el nuevo milenio, en los pocos años que lleva apareciendo en los calendarios, está desastrosamente lleno de catástrofes. Catástrofes físicas, ambientales, económicas, y lo que es peor, bélicas. Un aire de destrucción y muerte recorre el planeta y nos sobrecoge desde los telediarios. Es absurdo pensar que esta situación pesimista tiene que ver con el paso de siglo y de milenio. Es más bien el resultado de muchas catástrofes y fracasos anteriores. El hecho es que, sin saber cómo, llegamos un día al 2000.

Pero ¿significan mucho las fechas en nuestro breve paseo por esta «tierra de nadie» que es la Tierra? Yo creo que sí. Las grandes fechas, los grandes periodos de tiempo, las grandes etapas históricas. La gran historia es responsable de la forma en que vivimos nuestra pequeña historia personal. Responsable hasta del tiempo que ésta dura.

La guerra o la paz, la política que decide si pertenecemos al primero, segundo o tercer mundo, según el grado de desarrollo económico. El progreso de la ciencia que de pronto elimina obstáculos y enfermedades que han durado siglos.

Lo cierto es que las fechas influyen y la gran fecha del 2000 parece asegurarnos a los habitantes de los mundos privilegiados avances sin cuento, investigaciones que van a conducirnos a una vejez más saludable y más prolongada. Proyectos ambiciosos de educación a niveles más altos...

En el comienzo de este milenio, las esperanzas del primer mundo y del segundo podrían equilibrar problemas que subsisten del pasado. Pero algunos, rebeldes con causa, entre los que me siento, tememos que ese esplendor encierra trampas, injusticias, errores. Unos generales, que afectan a toda la Tierra, como la destrucción de la naturaleza. Otras particularmente centradas en continentes hambrientos que emergen cada día entre países vecinos, en guerras religiosas, económicas, colonizadoras. En diásporas desesperadas desde el territorio del hambre a los territorios de la supuesta abundancia.

Vivimos en un mundo confuso, ambivalente, caótico. Seguramente todos somos culpables.

Las fechas importan. El siglo XXI ha empezado a cumplir años entre el escepticismo y la indiferencia de unos, y la rabia y la impotencia de otros.

Una incógnita nos espera en las próximas vueltas del camino: ¿adónde iremos a parar? Seguramente, nada es nuevo. La historia se repite y estas reflexiones también se han repetido al final de otros ciclos, otros siglos, otros milenios.

En lo personal, la pérdida de una amiga querida marcó el comienzo del milenio.

Carmen Martín Gaite era amiga de Ignacio desde los primeros años de la Facultad en Salamanca. En su libro *Esperando al porvenir* recrea Carmen esa época con su precisión y lucidez habituales.

Esa amistad entre los dos compañeros de Facultad duró hasta el último día de sus vidas.

Cuando Carmen e Ignacio se volvieron a encontrar en Madrid, años después de que Ignacio hubiera abandonado Salamanca, él la llevó a un grupo de amigos que era también el mío. Desde entonces nos unía una amistad que se extendió a través de medio siglo. Desde 1949 hasta julio del 2000, fecha dolorosa de su inesperada muerte.

Testigo de mi vida, la memoria extraordinaria de Carmiña revivía en nuestras conversaciones escenas, personajes, frases, situaciones que yo no recordaba. Nadie como ella podía dar testimonio de los momentos duros y de los instantes luminosos de nuestras biografías.

Raro es el día que por una u otra razón no la recuerdo. Su número de teléfono me asalta a veces con el deseo de comunicarle algo imprevisto y que es urgente comentar. Afortunadamente, su teléfono ha sido recuperado por su hermana Ana, que ha sabido con su inteligencia hacerse cargo de la obra literaria de Carmen para organizarla y protegerla. Y con su finísima sensibilidad, se ha convertido en puerto y refugio y animosa cuidadora de los amigos de Carmiña, huérfanos de su presencia.

Por lo demás, en los tres años del 2000 que han transcurrido, mi vida se ha deslizado serena y equilibrada. El trabajo, los seres queridos, las temporadas en el campo.

Fines de semana en los que el agobio de Madrid nos impulsa a huir, cuarenta y ocho horas, setenta y dos.

Y los viajes. La gran evasión gozosa. Viajes nuevos a lugares desconocidos. Y peregrinaciones. A Lanzarote, todas las Semanas Santas.

Diez días de sol, de agua, de cielo brillantemente africano, de volcanes que cambian de color, del rosa al ocre, del verde claro al gris. Lanzarote, la isla que Ignacio amaba y cuyo amor hemos heredado Susana y yo.

Peregrinaciones al Mediterráneo, a Ibiza y a Menorca. Peregrinaciones en busca de mí misma, de paisajes detenidos en el tiempo. En busca del tiempo perdido. Y también en busca de sensaciones que permanecen vivas en el recuerdo. La luz, el aire, el sol de las islas mediterráneas.

En Navidad, la nieve de Baqueira. Los Pirineos majestuosos. La alegría de los esquiadores, la belleza de los paisajes.

Peregrinaciones a Nueva York. La vida estimulante, el ritmo, el cambio, la permanente sorpresa de Nueva York. Nueva York en invierno y en primavera, como la última vez, en mayo del 2001, después de unos días en Chicago y en Boston, para seguir a Dartmouth e intervenir en un homenaje póstumo a Cristina Dupláa, extraordinaria investigadora literaria, que fue profesora en esa universidad y que durante su estancia allí escribió un libro muy interesante sobre mi «Trilogía de la memoria». Cristina, que nos abandonó definitivamente a los pocos días de presentar el libro en Madrid y Barcelona, sumiendo en el dolor y el desconsuelo a sus seres más cercanos y a sus numerosos amigos.

En el 2001 reuní una serie de cuentos publicados en revistas unos, inéditos otros, y organicé un libro, *Fiebre.*

Desde 1998 estaba embarcada, para una travesía que duró cuatro años, en una novela, *El enigma,* en la que abordaba una situación de pareja que siempre me había interesado.

En *El enigma* se cuenta una historia de amor entre un hombre y dos mujeres. Atrapado por una, la legítima, egoísta, ajena a la vida profesional del hombre, pendiente sólo del bienestar económico y a la que él está atado por los convencionalismos. Y atraído irremediablemente por otra mujer, libre, divorciada, independiente, profesionalmente brillante, que le inspira una pasión reforzada por la mutua comprensión, las aficiones y los puntos de vista comunes.

Soy muy consciente de la imposibilidad de comprender las conductas de los demás, la complejidad de las relaciones humanas, entre padres e hijos, entre hermanos, entre amigos. De todas, quizá la más compleja es la relación de la pareja amorosa. Las situaciones de una pareja son tantas y tan variadas como las personas que las forman. Pero he elegido, en esta novela, una pareja que siempre me ha interesado, intrigado, preocupado: la pareja desigual.

Para mí, una novela es una indagación, una búsqueda en los seres que me rodean para tratar de comprenderlos, de explicarme sus reacciones, sus contradicciones, sus ambigüedades. Y también sus miedos, su soledad, su drama más humano: la conciencia de la brevedad de la vida, de la llegada inexorable de la muerte.

Daniel, el protagonista, está anclado —quizá sin darse cuenta— en la educación que le transmite una madre retrógrada ante la indiferencia de un padre que ha olvidado las lecciones que le dio su propio padre —el abuelo de Daniel—, republicano y abierto a un mundo más amplio y más justo. Por su parte, Berta, la esposa, es el producto de una educación femenina totalmente tradicional.

Y Teresa, la amante, a quien Daniel conoce en una universidad americana, es hija de un exiliado, educada desde niña en Estados Unidos, y representa la mujer avanzada, independiente, la intelectual responsable y estimulante que ejerce sobre Daniel una auténtica fascinación.

Y el enigma: ¿qué ocurre con el triángulo, con esas dos mujeres y ese hombre dubitativo y a la vez consciente de quién es la que está más cerca de sus convicciones teóricas? ¿Por qué duda entre la mujer egoísta, ajena a su vida y a su profesión, a sus intereses y proyectos, y la mujer interesante, preparada para entenderle? ¿Por qué se resiste a vivir libremente un amor? ¿Por qué el hombre se resigna, con frecuencia, a una pareja desigual, desequilibrada en muchos aspectos?

Hay mucho de comodidad, de cobardía, de miedo a equivocarse. Y una explicación que tiene que ver con las circunstancias históricas de cada personaje y la influencia que cada uno de los tres ha recibido.

En todo este proceso de relación con la mujer, es responsable en buena parte la educación sentimental que ha recibido el hombre.

El hombre ha sido educado para ocultar los sentimientos que son interpretados en el universo masculino como una debilidad. «Los niños no lloran» es el mensaje. «Los hombres no se dejan dominar por el sentimiento» es la consecuencia del mensaje.

El hombre, este tipo de hombre, es incapaz de hacer una confidencia de su vida sentimental a nadie. Con los amigos, con los otros hombres, se reúne para «hacer algo»: trabajo, política, deporte, pero no para analizar los problemas personales que impliquen sentimientos.

Las mujeres, sin embargo, cuando se reúnen, además de hablar del mundo en general, hablan de sentimientos, de dudas, de desesperaciones, de ilusiones. Pasan revista a las relaciones con sus seres cercanos y queridos, con mucha más facilidad que los hombres.

La mujer ha cultivado, desde siempre, sus sentimientos. Es más complicada sentimentalmente. La mujer quiere «simpatía», «sentir con», amistad, participación. Con el hombre y con otras mujeres. Con las mujeres no sólo para tratar de temas generales: política, educación, etcétera. Sino para analizar y comparar sus problemas personales y sentimentales. Por eso busca la literatura escrita por mujeres, porque trata de encontrar una identificación con los personajes femeninos, con sus actitudes y conductas en los libros escritos por mujeres que le merecen, en teoría, más confianza en ese aspecto que los de los hombres.

Paradójicamente, al acercarse la mujer, por su formación y su trabajo profesional, al hombre, éste la rechaza con desconfianza.

Me sorprende siempre la actitud del hombre ante los sentimientos. Los hombres sienten, es indudable. Albergan, esconden sentimientos de todo tipo. Nobles unos, vergonzosos otros. Como las mujeres. Pero los hombres no los exteriorizan con la palabra. Quizá con un gesto, un contacto, una presión de manos, una caricia. Pero no hablan de los sentimientos. Las mujeres sí. Las mujeres necesitan mostrar los sentimientos y dedican tiempo a hablar de ellos, a tratar de explicárselos al otro, al que los ha provocado.

El hombre no. Es «intro-sentimental», siente hacia dentro, no necesita, no quiere o no se atreve a hablar de los sentimientos. Parece que describir, analizar, los sentimientos propios es una forma de debilidad. Los escritores son la única excepción por razones de creatividad. En una novela es fácil hablar de sentimientos. Se le adjudican a otro, a un personaje que ha inventado. Transfiere a ese personaje sentimientos propios o de alguien que ha conocido y observado y cuyos sentimientos ha interpretado.

Quizá por eso, con los hombres que me ha sido relativamente fácil hablar de sentimientos es con los novelistas y los poetas. Siempre, claro es, que el sujeto de esos sentimientos sea un ser desconocido para el interlocutor; lejano o quizá imaginario.

Los hombres sienten pero no lo dicen. No se detienen a analizar los sentimientos que a veces les torturan. Me imagino que, por regla general, los analizan en silencio, en soledad ensimismada.

El hombre quiere —en líneas generales— una mujer cariñosa, entregada, admirativa. Dependiente de él. Por supuesto que hay muchas excepciones y cada vez habrá más hombres, entre los jóvenes, que elijan, que están ya eligiendo, a la mujer compañera y amiga. Pero es poco frecuente que al hombre —siempre en general— le interese lo que le pasa a la mujer en general. Y, pocas veces, lo que le ocurre por dentro a la suya.

La independencia económica y el cambio del papel de la mujer aumentan la desconfianza y la reserva en muchos hombres.

Por otra parte, el hombre quiere libertad individual total. Y no soporta que una mujer cercana sea igual a él, le observe, le analice, le exija una mayor complicidad y entendimiento. Una compañía mejor, más compleja, da más, pero exige más. ¿Por qué rechaza el hombre esa tensión intelectual que le exige una compañera igual a él?

Puede ocurrir que la mujer profesional, que ha elegido voluntariamente ser esposa, madre y ama de casa, sea «el ángel del hogar», «el reposo del guerrero», la compañera incondicional que apoya y anima al hombre porque cree en él y le admira. Pero no es éste el caso de Berta. En la historia de *El enigma* hay un gran derrotado: el hombre. Es un final desolador, lo sé. Será porque, como dice Julian Barnes, «La mayoría de los hombres pasan su vida en una tranquila desesperación».

*

La educación sigue siendo una pasión que me arrastra y me lleva a participar en las muchas actividades que me reclaman y me tientan. Charlas, coloquios, debates, mesas redondas, entrevistas sobre educación. Paralelamente, el mundo literario me convoca para participar en actos que tienen que ver con la literatura.

Tempus fugit, es cierto. Quisiera ampliar las horas del día, alargarlas, sumergirme en un tiempo sin relojes. Administrar el tiempo a mi gusto. Horas de trabajo en silencio, a solas conmigo misma, en acuerdo o discusión, con «esa mujer que va siempre conmigo». Y horas largas de presencias queridas, insustituibles.

Vivir ensimismada. Leer. A través de la lectura, dialogar en silencio con hombres y mujeres contemporáneos y con hombres y mujeres que hace años, quizá siglos, dejaron su mensaje en un libro para que yo lo leyera, lo encontrara en una búsqueda de respuestas a mis preguntas. Y el descubrimiento fascinante de afinidades, respuestas, sugerencias. Leer y leer, clásicos y modernos; libros en español y en otros idiomas.

Y escribir. Escribir es para mí la máxima compensación. Tratar de expresar lo que pienso y siento, lo que veo o imagino. Tratar de reflejar en mi escritura lo que he vivido y lo que he visto vivir a los demás. Comunicarme con ese lector desconocido, cercano o lejanísimo, a quien llegamos por encima del tiempo y el espacio. El que va a completar el libro que un día escribimos. Porque un libro no existe hasta que alguien lo haya leído.

La dinámica del proceso literario me absorbe horas y horas sin sentir el paso del tiempo. Nada es comparable con el placer de acertar con lo que se anda buscando, la palabra, el giro, la reacción de un personaje, la recuperación del hilo narrativo, a veces perdido, a veces oculto como un Guadiana, cuando éste reaparece. Nada es tan absorbente.

*

Vivimos *à la recherche du temps perdu*. Somos nuestro pasado. El futuro no existe y el presente será pasado dentro de un instante.

Desde que nacemos estamos perdiendo tiempo. El tiempo que se nos escapa y en su huida se lleva cada momento vivido. Sólo la memoria nos descubre el aroma, la sombra, la cicatriz de los momentos pasados.

En este libro hay una buena parte de mi vida hecha, deshecha, reconstruida, como un gran puzzle. Irremediablemente faltan piezas, fragmentos. Hay espacios vacíos. Estoy segura de que alguno de ellos encierra en su oquedad un recuerdo intolerable que he tachado sin saberlo, que no merece el precio del recuerdo.

Al final del viaje, cerca del puerto definitivo que se adivina entre la niebla, la memoria trabaja. El recuerdo reconstruye lo que fue real, adivina lo que aparece sumido en la oscuridad. Nos devuelve, en secuencias brillantes o brumosas, la vida recobrada.

He tenido una hija. He plantado un árbol, un haya purpúrea que mide ya doce metros, en mi jardín de Cantabria.

Y he escrito algunos libros. Con ellos he pretendido llegar a los demás, comunicarme con los otros. Que me conozcan mejor y, en consecuencia, me quieran más. En este deseo seguramente hay un punto de narcisismo.

Me he sentido, desde muy pronto y sin saberlo, parte solidaria de la humanidad. Nunca he encontrado nada que me apasionara más que los seres humanos que he tenido a mi alrededor. Nada me ha conmovido tanto como la tragedia de nacer para morir. La generosidad me ha parecido, siempre, la forma más deseable de vivir las relaciones humanas.

La ética y la estética han sido las dos guías de mi conducta. El trabajo bien hecho, la meta de mi actividad profesional. El existencialismo, la tendencia filosófica más cercana a mi sentido de la vida.

Al terminar este libro, contemplo con melancolía el camino que me queda por recorrer.

Soy afortunada, me digo. No estoy sola. A mi lado tengo una pequeña familia, una familia reducida que me quiere y me cuida; mi hija, mi nieto, mi yerno.

Susana fue mi protectora desde el primer momento, desde la primera noche, cuando todo había terminado e Ignacio se había ido para siempre de nuestra casa y de nuestras vidas. Hasta el día de hoy.

Cada día que pasa estoy consumiendo un fragmento del tiempo que me corresponde. Estoy respirando el volumen de aire que me ha sido asignado.

Radiantemente viva, devoro horas, minutos, segundos desde el día que nací. Me alimento del mismo hecho de vivir. Y camino hacia un final inexorablemente programado. Todo está previsto en el misterio biológico de mi sangre. Todo, en ese «viaje de un largo día a la noche», maravilloso título de la obra póstuma de O'Neill.

Las Magnolias, septiembre 2003

Este libro
se terminó de imprimir
en los Talleres Gráficos
de Unigraf, S. L.
Humanes, Madrid (España)
en el mes de marzo de 2004

El enigma

JOSEFINA ALDECOA

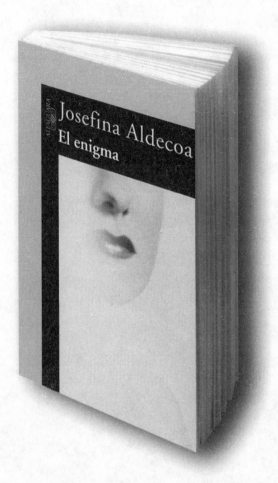

El tiempo les había arrastrado uno hacia el otro,
sacudidos por un vendaval de amor violento y de
consecuencias imprevisibles.

El vergel
JOSEFINA ALDECOA

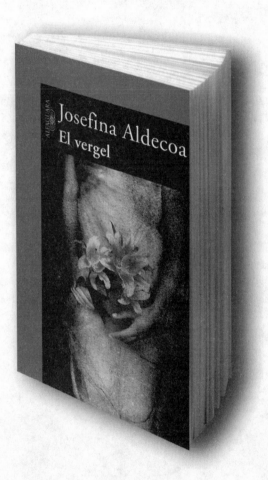

¿Es la ambición el motor de la existencia?